Comentarios a las ediciones anteriores de *Cómo Sacar una A*

"Este es un libro espléndido . . . una guía muy perspicaz y eminentemente práctica. Será de gran beneficio para estudiantes universitarios y de posgrado y todos aquéllos que quieran disciplinar su mente y desarrollar su intelecto."

—Terrel H. Bell
Profesor, Universidad de Utah
y el-Ministro de Educación

"¡Por fin! Una guía de estudio clara, con buenos consejos y agradable de leer. Gordon Green bien podría ser el nuevo 'Dale Carnegie' para triunfar en los estudios."

—Sar Levitan
Autor, Profesor Investigador
y Director del Centro de Estudios
de Política Social, de la
Universidad George Washington

"Ideado cuidadosamente, escrito claramente y muy preciso. El libro de Gordon Green le enseñará cómo llegar a ser un estudiante sobresaliente y, al mismo tiempo, hará que sus estudios sean una experiencia memorable, en vez en un trabajo penoso."

—Sheldon Haber
Profesor de Economía de la
Universidad George Washington

"Atención, padres: Si quieren que sus hijos tengan éxito en la universidad, asegúrense de que lean Cómo Sacar una A. Este libro mejorará la calidad de su propia vida!"

—Dr. Murray Weitzman
Economista, estadístico, y un padre
cuyos hijos han tenido éxito
siguiendo este método de estudio

Cómo Sacar una A

Cómo Sacar una A

Gordon W. Green, Jr., Ph.D.

Traducción: María Fernández

A Lyle Stuart Book
Published by Carol Publishing Group

A Lyle Stuart Book
Published by Carol Publishing Group
Lyle Stuart is a registered trademark of Carol
Communications, Inc.
Editorial Offices: 600 Madison Avenue, New York, N.Y. 10022
Sales & Distribution Offices: 120 Enterprise Avenue, Secaucus,
N.J. 07094
In Canada: Canadian Manda Group, P.O. Box 920, Station U,
    Toronto, Ontario M8Z 5P9
Queries regarding rights and permissions should be addressed to
Carol Publishing Group, 600 Madison Avenue, New York, N.Y. 10022

Carol Publishing Group books are available at special discounts
for bulk purchases, for sales promotions, fund raising, or
educational purposes. Special editions can be created to specifications.
For details, contact: Special Sales Department, Carol Publishing
Group, 120 Enterprise Avenue, Secaucus, N.J. 07094

Manufactured in the United States of America
10 9 8 7 6 5 4 3 2 1

Library of Congress Cataloging-in-Publication Data

Green, Gordon W.
    [Getting Straight A's. Spanish]
    Cómo sacar una A / Gordon W. Green, Jr. : translated by Maria
Fernandez.
        p.   cm.
    "A Lyle Stuart book."
    Translation of: Getting straight A's.
    Includes bibliographical references (p.   ).
    ISBN 0-8184-0566-X
    1. Study, Method of. 2. Examinations—Study guides. 3. Report
writing. I. Title.
[LB1049.G72918   1992]
371.3'02812—dc20   92-35496
                                                                    CIP

Para mis tres hijos,
HEIDI, DANA, Y CHRISTOPHER

para que sus vidas sean un poco más fáciles
y mucho más completas

¿Carájo que pasa aqui?

AGRADECIMIENTOS

Varias personas jugaron un papel clave en el desarrollo de este libro. Primero, y antes que nada, desearía dar las gracias a Harold Roth, mi agente literario, quien tuvo fe en mí desde el principio y me aconsejó maneras de mejorar el libro. Conocí a Harold a través de mi buen amigo Ben Wattenberg, quien me dio ánimo y consejos a lo largo de esta tarea. A mi secretaria, Kathy Italiano, quien transcribió a máquina incansablemente y con buen humor diferentes versiones del manuscrito durante sus horas libres. Al Dr. Murray Weitzman y sus dos hijos, Gary y Paula, quienes estuvieron entre los primeros en comprobar que mis métodos de estudio se pueden aplicar a otras personas. El profesor Sheldon Haber, de la Universidad George Washington, leyó el manuscrito e hizo valiosas sugerencias. Hubo muchos otros profesores (demasiado numerosos para mencionar), que proporcionaron la información que ayudó a crear el contenido básico de este libro. Por último, pero por ello no menos importante, quiero dar las gracias a mi querida esposa Maureen, quien me exoneró de mis obligaciones caseras y me infundió el ánimo necesario para culminar este trabajo.

Un momento de conocimiento profundo
vale a veces la experiencia de toda una vida.
—Oliver Wendell Holmes
The Professor at the Breakfast Table

ÍNDICE

CUARTA PARTE
HAGA QUE EL SISTEMA FUNCIONE A SU FAVOR

PRÓLOGO

Si alguna vez ha abrigado el deseo de obtener notas sobresalientes en sus estudios y está dispuesto a trabajar lo suficiente para alcanzar esa meta, entonces este libro es para usted. El libro está diseñado para personas que están tomando cursos en la universidad para su graduación y también para los que estudian cursos de posgrado. Está basado en un sistema único de estudios que desarrollé cuando iba a la universidad por la noche a estudiar mi posgrado en Economía, a la vez que trabajaba jornada completa durante el día en mi empleo habitual.

Estoy seguro de que este método será efectivo para casi todo el mundo: antes de sistematizarlo yo nunca pude sacar notas altas en la universidad. Después de poner mi sistema a funcionar, mientras estudiaba el posgrado fui capaz de obtener una A en cada asignatura que tomé. Es más, me quedaba cantidad de tiempo libre para otras actividades que me interesaban. El secreto consistía en saber exactamente lo que se necesitaba para obtener la nota más alta en un curso. Otros estudiantes que han aplicado mis métodos también han llegado a ser estudiantes sobresalientes.

Los métodos presentados aquí se pueden aplicar a todos los estudios universitarios y se pueden adaptar a cualquier estilo de vida. Este libro tiene algo valioso que ofrecerle, ya sea usted un estudiante universitario que toma cursos para su graduación o de posgrado, que estudia a tiempo completo o medio tiempo, ya sea usted un estudiante de secundaria preparándose para la universidad. Considerando que existe una estrecha relación entre el éxito en la universidad y el éxito que tendrá más tarde, este libro puede ser uno de los más importantes que usted lea en su vida.

Reflexiones Sobre la Educación

1
INTRODUCCION

¿Cuántas veces ha llegado a casa con sus calificaciones al final del curso solamente para obtener la siguiente reacción de sus padres?

"¿Por qué no puedes sacar mejores notas? Te lo advertí: vas a pagar un precio muy alto por todo el tiempo que has perdido durante el semestre. Se me va la vida al pensar la manera en que estás malgastando el dinero que tanto nos costó ganar. A este paso, tendrás suerte si te permiten seguir estudiando y más suerte todavía si encuentras un trabajo decente, si es que te gradúas. Cuando yo estudiaba . . ."

¿Le resulta esto familiar? Probablemente más familiar de lo que está dispuesto a admitir. Admitir. Yo sé que lo he oído más veces de las que me quiero acordar.

Una cosa que tenemos todos en común es que nos hemos visto obligados a tener éxito en los estudios desde que éramos pequeños. Sus padres le dijeron que necesitaba buenas notas para entrar en la universidad, y mejores notas todavía para entrar a la universidad "más apropiada." Si usted está ya en la universidad, sin duda ha sentido la necesidad de obtener notas altas. El apremio puede venir de sus padres, que quieren estar seguros de que están gastando su dinero inteligentemente. O, si usted ya no depende de ellos, de su propio conocimiento

3

de que buenas notas no solamente le brindan a usted una gran satisfacción personal, sino que son, a menudo, un requisito para obtener un empleo óptimo tras su graduación.

Otra cosa que tenemos todos en común es que aspiramos a mejorar. Si usted es actualmente un estudiante mediocre, normal, o bastante bueno, sabe que podría mejorar y que debía hacerlo. O como Robert Browning, el poeta inglés, escribió: "Pero la aspiración del hombre debe exceder su alcance. Si no, ¿para qué existe el firmamento?

A pesar de reconocer la importancia de obtener buenas notas, muy poca gente estudia al máximo de sus capacidades. En cualquier clase normal resulta evidente un conjunto de categorías, desde los estudiantes que parecen estar totalmente perdidos, hasta aquél o aquéllos que están por encima de sus compañeros. Esto es algo similar al concepto antiguo de "La gran cadena de la existencia," en la cual todo está ordenado cuidadosamente, desde la categoría más baja a la más alta. Excepto que, en este caso, la cumbre no está presidida por Dios. Está acaparada por los estudiantes que parecen siempre tener las respuestas correctas a las preguntas del profesor y que consiguen notas altas prácticamente en todos los exámenes. Anteriormente yo consideraba que éstos eran los pocos escogidos, genios capaces de algo que yo nunca sería capaz de conseguir.

La creencia común de que sólo los genios y los ratones de biblioteca pueder obtener notas altas en sus estudios es definitivamente errónea. Los genios a menudo se aburren con la materia que corrientemente se enseña en clase. Por ejemplo, Albert Einstein fue un mal estudiante antes de ampliar el conocimiento humano mas allá de lo que se conocía en su época. Y los ratones de biblioteca son lectores compulsivos que a menudo carecen de la disciplina para obtener notas altas en los exámenes.

Si no se trata de genios ni de ratones de biblioteca, ¿quiénes entonces consiguen notas altas en los estudios?

Muy poca gente, desde luego. Pero ciertamente muchos más podrían alcanzar meta tan evasiva. Usted, en particular, es capaz de alcanzarla, cualquiera sea su ubicación actual en "La Gran Cadena de Calificaciones; usted tiene el potencial para rendir al más alto nivel y conseguir notas altas. Es obvio que aquéllos con gran inteligencia innata encontrarán la tarea más fácil, pero incluso aquéllos con inteligencia normal son asimismo capaces de alcanzar la meta más alta. La mayoría de la gente no lo ha logrado porque no sabía cómo hacerlo; o porque pensaron que el costo era tan alto que no merecía la pena el intento.

¿Qué se necesita para triunfar? El primer requisito es reconocer que no importa lo difícil que parezca la tarea, usted es capaz de triunfar. Marco Aurelio, el emperador romano, reconoció la importancia de esta actitud casi hace dos mil años, cuando dijo: "No piense que lo que le es difícil dominar a usted es imposible para la humanidad entera; pero si algo es posible y apropiado para el hombre, considérelo asequible para usted." Esta actitud tuvo buenos resultados hace mucho tiempo y también los tiene hoy.

¿Cómo sé que todavía resulta efectivo hoy? Lo sé por propia experiencia y las experiencias de otros que han usado mis métodos: es posible llegar a ser un estudiante sobresaliente al margen de lo que uno haya hecho anteriormente. En diversas épocas de mi vida he sido un estudiante mediocre, normal y excelente.

Mis notas eran tan bajas durante la secundaria que casi no pude entrar a la universidad. Tuve que pasar por un programa especial de prueba, para que me admitieran en una Universidad del Estado que se jactaba de abrir las puertas de la educación a todos. Como la mayoría de los demás estudiantes, una vez en la universidad, tuve grandes tropiezos y estuve a punto de perder el primer año.

John Milton, en *El Paraíso Perdido,* escribió: "El camino que nos saca del infierno hacia la luz es largo y difí-

cil." Bueno, para mí resultó largo y difícil, pero finalmente vi la luz.

Yo resulté siendo un estudiante fuera de lo común durante los dos últimos años antes de graduarme; y después
conseguí ser un estudiante extraordinario en la escuela
de posgrados. Obtuve mi doctorado en Economía
tomando dos asignaturas de posgrado por la noche cada
semestre, mientras trabajaba, a menudo, más de cua-
renta horas por semana en mi empleo habitual. Con horario tan ocupado, además de responsabilidades familiares, llegué a la conclusión de que necesitaba algún tipo
de método para no hundirme. El sistema que desarrollé
no sólo me mantuvo al tanto de todo, sino que fui capaz
de sacar altas notas en cada asignatura que tomé. ¡En
efecto, obtuve una A en los exámenes de todas las asignaturas que tomé! Mi sistema era tan seguro que incluso,
con un horario tan ocupado, tenía tiempo de sobra para
otras actividades que me interesaban.

Conozco bien lo que usted está pensando. ¿Una A en
todos los exámenes de posgrado, después de haber sido
casi rechazado en la universidad? El Dr. Green debe ser
uno más de esos excéntricos. El que su sistema le haya
resultado no quiere decir vaya a servirme a mí. Todo lo
que puedo decir ante tal actitud, es repetir lo que Napo-
león Bonaparte dijo una vez a uno de sus generales:
"Usted me dice que es imposible, pero esa palabra no
existe en el idioma francés."

En el próximo capítulo demostraré cómo otros estudiantes han llegado a ser estudiantes sobresalientes
usando mis métodos, estudiantes que habían tenido
experiencias bastante comunes o erráticas antes de adoptar mis métodos. ¿Qué teníamos en común? Saber exactamente lo que se requería para sacar A en una asignatura y estar dispuestos a trabajar lo necesario para
conseguirlo. También teníamos ese ingrediente importante del que habló Marco Aurelio: sabíamos que nuestras metas eran asequibles.

Bien, ¿a qué sistema me estoy refiriendo y en qué se

diferencia de lo que otros educadores dicen? Veamos primero lo que dicen los demás.

Existe un gran número de guías de estudio asequibles en el mercado, algunas de ellas publicadas recientemente. Estas guías afirman que incrementarán su habilidad en distintas técnicas de estudio: cómo leer un libro, cómo dar un examen, cómo llegar a ser un mejor estudiante, etc. Ofrecen amplia información sobre todas las técnicas de estudio. Pero no le enseñan cómo integrarlo de manera sistemática para llegar a ser un estudiante sobresaliente.

¿Quiénes escriben estos libros? Los autores provienen típicamente de un campo limitado de profesiones, por ejemplo, consejeros, psicólogos y personas que diseñan exámenes. Sus métodos de estudio están basados usualmente en las experiencias de grupos de estudiantes observados bajo condiciones de laboratorio. Estos métodos le dicen a usted lo que resulta mejor para distintos tipos de estudiantes bajo condiciones diferentes. Aunque esta información es útil, a mi modo de ver no puede sustituir la experiencia de alguien que ha llegado a ser realmente un estudiante excepcional.

Tengo un problema aún más serio con algunas de estas guías de estudio. Abruman al estudiante con una cantidad enorme de información, con consejos sobre cómo estudiar y despliegan un programa de actividades que ni un monje tibetano estaría dispuesto a seguir. Presentan generalmente un campo muy amplio, tratando de enseñarle todo; desde lo que usted debía haber aprendido en la enseñanza primaria, hasta cómo aprobar el examen de ingreso en la escuela de posgrado. Algunas de estas guías de estudio le pondrían a completar un sinnúmero de tablas, diagramas y calendarios para distribuir y controlar prácticamente cada hora durante el semestre entero. En resumen, violan el principio fundamental expuesto por Confucio hace siglos: "Excederse es tan malo como quedarse corto." Una deficiencia más seria, en mi opinión, es simplemente que algunas de estas guías de estudio proporcionan consejos equivocados, como describiré mas adelante.

¿En qué consiste mi sistema? Bien, si usted es un buen lector probablemente no tengo ni siquiera que decírselo; lo habrá adivinado al revisar el índice, los títulos de los capítulos y los resúmenes al final de los mismos, antes de meterse de lleno en este libro. Esto no sólo le da una idea general de lo que trata el libro, sino que también es un marco que le ayudará a organizar la información a medida que vaya leyendo. Le voy a enseñar las técnicas fundamentales para llegar a ser un estudiante de éxito, tales como: cómo leer un libro, cómo dar un examen y cómo redactar un trabajo de investigación al final del curso.

Lo más importante de este libro es la tercera parte: "Un método para obtener notas altas." En ella he destilado todo el conocimiento que he adquirido durante años de estudio, para enseñarle la manera más eficiente para entender el material explicado en las aulas, sacar mayor partido de sus estudios, prepararse para los exámenes, y obtener sobresaliente en todos éstos. La cuarta parte del libro proporciona conocimientos y consejos prácticos de estudio que le harán capaz de seguir teniendo éxito durante el tiempo que duren sus estudios.

¿Cuál es mi filosofía para triunfar? Es tan antigua como la filosofía misma. Es la sabiduría de los siglos.

Es lo que Platón tenía en mente cuando dijo: "La naturaleza absoluta o las especies, se conocen, respectivamente, por la idea absoluta del conocimiento."

Es lo que Esopo tenía en mente cuando dijo: "Pon tu hombro en la rueda."

Y es lo que Virgilio tuvo en mente cuando dijo: "Estos triunfos animan; ellos pueden porque piensan que pueden."

Es verdad. La sabiduría de los siglos. Si sabe lo que está haciendo, trabaja intensamente y tiene confianza de que triunfará, entonces habrá de triunfar.

Hace 2,500 años, el sabio chino Lao Tzu dijo: "Un viaje de mil millas tiene que empezar con un simple paso."

Usted ha dado ese primer paso abriendo este libro. El resto del viaje dependerá de usted.

PRINCIPIO 1

Usted puede llegar a ser un estudiante sobresaliente si sabe lo que está haciendo, trabaja intensamente y tiene confianza en el triunfo.

2
CASOS DE EXITO

A todo el mundo le gustan los casos de éxito. ¿Por qué? Porque si otros han triunfado, significa que nosotros podemos triunfar también. Nos gustan especialmente aquellos casos en los cuales alguien ha sido capaz de voltear una situación y ha triunfado contra toda predicción. Nos impresionan no sólo sus logros sino también darnos cuenta de que nuestro éxito no es tan difícil como pensábamos al principio. Nuestra actitud será: "si ellos pueden hacerlo, entonces yo lo puedo hacer también." Esta no es una mala actitud, porque indica que usted está empezando a tener fe en sí mismo, uno de los principales ingredientes del triunfo.

En este capítulo incluimos tres casos que demuestran claramente cómo unos estudiantes han sido capaces de elevar sus notas a los niveles más altos usando mis métodos. Incluyo mis propias experiencias como estudiante, así como también las experiencias de otras personas que recientemente aplicaron mis métodos en la universidad. Estos casos demuestran que mis métodos son válidos para estudiantes universitarios de distintos niveles, tanto para los que estudian a tiempo completo, como para los que estudian media jornada; tanto para quienes estudian distintas materias, como para personas con poco tiempo para dedicar a sus estudios. Todos nosotros conseguimos ser estudiantes sobresalientes usando los métodos presentados aquí, aun cuando anteriormente habíamos experimentado dificultades en nuestros estudios.

Brindaré una descripción muy detallada de mis propias experiencias. Como bien dijo Henry David Thoreau: "No hablaría tanto de mí si hubiera otra persona a quien yo conociera tan bien."

Hay una razón más poderosa por la que proporciono tan detallada cuenta de mis experiencias. Mi descripción es una revisión de mis errores y como usted pronto comprenderá, comparado con la mayoría de la gente he hecho más de la cuenta. No me voy a engañar pensando que usted podrá evitar los mismos errores simplemente porque los ha oído de antemano. Pero me daré por satifecho si usted puede evitar algunos de los errores que yo cometí, en especial si evita los más nocivos.

Ante todo, declaro que no soy ni genio ni ratón de biblioteca. No siempre he encontrado que los estudios sean fáciles y tampoco me gusta estar sumergido en un libro todo el tiempo. Existen tantas otras cosas interesantes y fascinantes por hacer. Creo firmemente en la declaración de Francis Bacon de que "Dedicar demasiado tiempo a los estudios es pura indolencia."

Desafortunadamente para mí, cuando estaba en la secundaria a principios de los años sesenta, yo creía que "cualquier tiempo dedicado a los estudios era indolencia." Presté poca atención a mis estudios y en vez de ello me dediqué a otras cosas que encontraba más agradables. Mis padres me habían convencido de que ir a la universidad era por mi propio bien, pero yo tenía muy poca disciplina para dedicarme a tal objetivo. En consecuencia, mis notas en la secundaria eran insignificantes y los profesores me consideraban alguien sin ambición. Algunos profesores dijeron que yo era "buen material para la universidad" y trataron de convencerme para que sea más serio en mis estudios. Otros profesores, incluyendo un consejero, percibieron que yo era un caso perdido y trataron de desanimarme de solicitar ingreso a la universidad.

No fue sino hasta el último año que yo empecé a prestar alguna atención a mis estudios; pero para entonces era un poco tarde y tanto más difícil, ya que había perdido mucho del fundamento básico de los cursos escolares. En el penúltimo año yo había aprobado casi todo pero con notas bajas (D) y tenía varios suspendidos (F). Solamente fui capaz de elevar mis promedios algo más durante el último año. Aunque me esforzaba más, descubrí que estudiar era una lucha. Yo estaba matriculado en el programa académico, pero mis notas eran tan malas que solamente recibí un diploma general cuando me gradué de la secundaria.

El verdadero impacto fue cuando solicité mi ingreso a la universidad. Alfred Lord Tennyson escribió en un poema: "Muy tarde, muy tarde, no puede entrar ya." La misma respuesta yo obtuve en varias universidades cuando solicité la admisión.

Finalmente, la Universidad de Maryland accedió a darme una oportunidad, sobre todo porque tiene la obligación de considerar a todos los solicitantes residentes del Estado de Maryland. Puesto que tenía notas bajas en la secundaria, tuve que entrar en un programa preparatorio para estudiantes que no tenían los requisitos básicos. El programa, que consistía en cursos de Inglés y Estudios Sociales, era un programa intensivo designado para eliminar estudiantes que no fueran realmente material para la universidad.

En su obra El Rey Ricardo II, Shakespeare se refiere a "las orugas del reino, a las cuales yo he jurado eliminar y extraer." Bien, nosotros éramos las orugas que la universidad estaba tratando de eliminar; y apenas algo así como la mitad de nosotros sobrevivió la prueba. Fue en ese momento que yo me di cuenta lo difícil que iba a ser lo que me esperaba.

Después de entrar a la universidad traté de mejorar mi

técnica de lectura y comprensión asistiendo a un curso especial. Esto me ayudó a vencer algunas de mis deficiencias, resultado de una preparación inadecuada durante la secundaria, pero aún así estaba lejos de contar con lo necesario como para tener éxito en la universidad. Sin embargo, este curso por lo menos me dio las técnicas básicas como para sobrevivir las dificultades futuras.

Como muchos estudiantes que empiezan la universidad, yo no estaba seguro de qué especialidad seguir. Empecé con Administración de Empresas, pero más tarde cambié a Economía. Aunque la economía ha sido a veces denominada la "ciencia lúgubre", yo encontré este campo agradable porque podía relacionar el material de la clase con lo que estaba pasando en el "mundo real".

A pesar de que yo sinceramente quería tener éxito en la universidad, mis dos primeros años fueron casi desastrosos. Además de no tener la preparación apropiada para la universidad, no tenía ni siquiera el conocimiento básico de cómo estudiar o prepararme para un examen. Es más, aunque hubiera tenido el conocimiento, carecía de la disciplina como para ello. Vivir en la residencia universitaria, con todas sus distracciones, no fue ninguna ayuda. Como resultado, mis notas fueron muy malas y estuve a punto de perder el año. Aprobé las asignaturas del primer semestre con bajas calificaciones (D).

Yo no era un caso aislado. Muchos de mis compañeros estaban en la misma situación. Muchos estudiantes de la generación actual están en la misma situación. Es más, a través de las épocas muchos estudiantes han estado en la misma situación, repitiendo los mismos errores. Son culpables de lo que Sir Thomas Browne, el autor inglés, llamo "un viejo error de pelo cano."

La causa de este error es que los estudiantes no estudian continuamente a lo largo del semestre. Ellos siguen la filosofía de Matthew Browne: "Nunca hagas hoy lo que puede esperar hasta mañana." No es una mala filosofía en sí, siempre que las cosas que se posponen puedan, en efecto, esperar. El problema es que todo se deja para el día siguiente, incluso aquéllo que debe hacerse hoy. A veces, se les da menos prioridad a los estudios que a la variedad de diversiones aparentemente interminables que tienen los estudiantes universitarios a su disposición, tales como deportes, fiestas, amigos y otras actividades no académicas.

Puedo recordar haber postergado mis estudios hasta casi dos o tres días antes de un examen y entonces me daba pánico. Estudiando dos o tres días intensamente trataba de meterme en la cabeza, toda la información presentada desde el último examen. Esto usualmente requería un repaso apresurado de todo lo que había que leer, por lo menos las partes que yo había subrayado. También requería repasar varias veces mis apuntes de clase hechos sin cuidado, con lo que me convencía de que no había entendido la materia en primer lugar. Y si llegaba a preocuparme seriamente, trataba de utilizar cada minuto a mi disposición, estudiando toda la noche (una práctica conocida como "pasar la noche en vela"). El objetivo no era aprender la materia, sino pasar el examen y aprobar con la mínima nota.

El cuerpo y la mente se agotan con este sistema de aprender las cosas a la fuerza. Pasar dos días estudiando sin parar para un examen o pasar las noches en vela, crea gran ansiedad, disminuye la confianza en uno mismo e impide que la mente organice toda la información de manera adecuada. Si se toman drogas para estar despierto durante esta penosa experiencia, los problemas se multiplican. El estudiante llega al examen en un estado de aturdimiento, recordando a menudo sólo un poco de lo último que ha repasado. Los estudiantes en este estado no pueden meditar claramente sobre las preguntas y a menudo fuerzan sus respuestas con aquéllo que recuerdan de memoria. El resultado común es que no se contestan las preguntas del examen de manera satisfactoria. Es como un mal sueño que alcanza su máximo el día del examen, perdura hasta que usted recibe las notas, y se repite al acercarse el próximo examen.

¿Le parece algo familiar esta manera de estudiar? Probablemente más familiar de lo que usted se atreve a admitir. Bien, ¡alégrese! Después de leer este libro, usted no tendrá que padecer esto de nuevo.

Es una manera miserable de vivir los años de estudiante. El único consuelo para los estudiantes que pasan por esta prueba penosa es que hay otros compañeros que están en la misma situación. Puedo recordar las conversaciones que solía tener con algunos compañeros míos en la misma situación. Nos quejábamos de la dificultad de los exámenes; o de que sólo habíamos alcanzado la nota necesaria para pasar. Nos compadecíamos unos a otros por nuestra difícil situación y empezábamos a sentir que los profesores estaban conspirando contra nosotros. Siempre sentíamos que nuestros problemas eran por culpa de alguien o algo distinto: el profesor estaba tratando de engañarnos, el examen era demasiado difícil o injusto; si por lo menos hubieran preguntado aquello que sabíamos . . . y así sucesivamente. Nunca considerábamos que la causa del problema podíamos ser nosotros mismos.

Bajo tal rutina, lo que podía haber sido un experiencia muy agradable se volvía una pesadilla. Benjamín Disraeli, el gran político inglés, dijo: "La universidad debería ser un lugar de luz, de libertad y de aprendizaje." Durante mis dos primeros años, la universidad parecía más una cámara de tortura. Puedo recordar intensamente el miedo que sentía al dar un examen, porque no sabía la materia. Puedo recordar también los sentimientos de culpa cuando me daban los resultados, porque sabía bien que no había estudiado lo suficiente como para hacerlo bien.

Muchos estudiantes no pueden mantenerse bajo tal presión. La proporción de los que fracasan durante el primer año de universidad es muy alta. Muchos de mis amigos fracasaron porque sintieron que aquella experiencia era muy confusa y preferían empezar a trabajar y ganar algo de dinero. Yo estaba determinado a soportarlo todo y graduarme. Durante mi segundo año, solamente fui capaz de elevar casi todas mis notas a C, con alguna D aquí y allá. Todavía no tenía confianza en mí mismo y, con frecuencia, obtenía malos resultados en los exámenes y en los cursos.

Cuando llegué al tercer año de universidad mis hábitos de estudio empezaron a mejorar y mis notas también. Por lo menos había aprendido a tomar mejores apuntes en clase y a empezar a estudiar para los exámenes antes de la víspera. Estaba tomando más asignaturas de mi especialidad (Economía) y de esta manera mis conocimientos iban en aumento. Elevé mi promedio a B e incluso saqué A en alguna asignatura. Sin darme cuenta al momento, estaba desarrollando métodos de estudio que más adelante se convertirían en un sistema integral. Como todavía no había perfeccionado mi sistema, estaba luchando con mis estudios y tenía que trabajar muchísimo.

Mis dos últimos años en la universidad fueron justamente lo opuesto a los dos primeros. Violé aquel principio fundamental establecido por Confucio: "Excederse es tan malo como quedarse corto." Estaba estudiando tanto que no tenía tiempo para otras actividades que me interesaban. Mi vida era aburrida, terriblemente aburrida. Eso es lo que pasa cuando usted emplea todo su tiempo en estudiar. Aunque me iba mejor en los estudios, también ansiaba terminar, encontrar un trabajo y empezar a ganar dinero, porque toda esta experiencia era una lucha. Definitivamente, yo no estaba listo para estudios de posgrado.

Después de mi graduación conseguí mi primer trabajo estable con el gobierno de los Estados Unidos, como estadístico a nivel principiante. ¡Qué tremenda sorpresa! Pasé de los delirios de grandeza que uno tiene como estudiante de Economía, a la realidad de ser un oficinista en una "cárcel" llena de otros oficinistas. La transición del mundo académico al mundo de trabajo es particularmente difícil para estudiantes de economía. El estudiante trabaja con modelos de macroeconomía y analiza cambios en variables políticas importantes. Como oficinista, trabajando para el gobierno, mi único trabajo era verificar números que debían haber sido revisados por una computadora en primer lugar. Estaba sufriendo de angustia mental y aburrimiento.

Mucha gente que empieza su primer trabajo experimenta la clase de desilusión que acabo de describir. Hay la dificultad natural de ajustarse al cambio que hay de ir a clase unas pocas horas al día, a estar sentado todo el día delante de un escritorio, como es corriente en la mayoría de los trabajos profesionales. Pero la dificultad fundamental es que muchos de los empleos más interesantes no están disponibles inmediatamente. Corrientemente se necesita buscar y probar distintos empleos o tener éxito dentro de una organización, antes de encontrar el sitio más apropiado para uno. Y, aún así, alguna gente nunca lo logra. Como Thomas Carlyle, el historiador escocés, dijo: "Bendito sea quien haya encontrado su trabajo; no le permitan pedir ninguna otra gracia."

Yo estaba decidido a encontrar "mi puesto." Después de ir de un lado para otro en el gobierno durante unos años, finalmente hallé un puesto que me gustó en la Oficina de Censos. El trabajo consistía en la preparación y análisis estadístico sobre distribución de ingresos y pobreza. Empecé a pensar de nuevo en los cursos que había tomado en la universidad y lo agradable que realmente habían sido. Es más, empecé a examinar la posibilidad de aplicar algunas de las cosas que había aprendido como estudiante a mi trabajo actual. Esto es lo que hace del trabajo un reto especial.

Fue en este momento cuando decidí volver a la universidad. Pero antes de empezar mis estudios de posgrado en economía, que era mi máxima aspiración, me di cuenta de que necesitaba aumentar mis conocimientos en matemáticas y estadísticas. Estos campos son muy importantes para estudiantes de economía, porque es una materia principalmente cuantitativa. Cuando estaba en la universidad había tomado sólo los cursos de matemáticas y estadísticas necesarios para graduarme; y éstos eran los cursos básicos, estrictamente lo necesario para poderme graduar.

Me matriculé en cursos nocturnos de matemáticas y estadísticas en la universidad de Maryland, mientras continuaba trabajando la jornada completa para el gobierno. Durante este período, mientras tomaba estos cursos por la noche y trabajaba durante el día, fue que desarrollé mi sistema de estudio. Como describiré en la parte tercera, desarrollé un sistema completo de lo que hay que estudiar para un examen, cuándo hacerlo y cuánto estudiar para obtener una A en la asignatura. Fui capaz de obtener una A en cada curso de matemáticas y estadísticas que tomé por la noche. Estaba muy orgulloso de mis logros, porque estaba tomando los cursos teóricos más difíciles para personas que se especializan en matemáticas y física. Antes de esto me habían suspendido en trigonometría en la secundaria y había sacado notas insignificantes en los cursos de matemáticas en la universidad, aún cuando eran cursos para personas que no se iban a especializar en matemáticas.

Fue un momento crucial para mí. Había logrado confrontar y dominar la materia a la cual más temía: matemáticas.

Después de terminar mis cursos en la Universidad de Maryland, me matriculé en el programa de Doctorado en Economía en la Universidad George Washington. Tomé dos cursos del posgrado cada semestre, mientras continuaba trabajando la jornada completa en mi trabajo. Para entonces había perfeccionado mi sistema casi al nivel de una ciencia. Continué utilizando los mismos principios que había desarrollado a través de todos mis estudios nocturnos del posgrado de economía y en cada curso que tomé dieron resultado. Incluso me fue bien en las asignaturas que no eran de economía y que tuve que tomar para completar el programa. No sólo recibí una A en cada examen de cada curso que tomé, sino que tenía cantidad de tiempo libre. Por supuesto, tiempo extra era algo que yo necesitaba muchísimo porque la suma de trabajar en un empleo exigente, ir a la universidad y tener responsabilidades de mantener una casa y una familia, producía una vida muy activa. Finalmente era capaz de disfrutar lo que Cicerón llamó "diversión con dignidad." Empecé a pensar lo fácil que hubiera sido de haber conocido estos principios durante mis años de universidad.

Mi sistema me permitió obtener el doctorado en economía. El tema que elegí para mi tesis fue el examen de las diferencias de ingresos entre hombres y mujeres, y negros y blancos que recientemente habían empezado a trabajar. Hubo gran interés por mi tesis y recibió atención a nivel nacional. Fue citada en la primera plana del New York Times (Enero 16 de 1984); apareció en otros periódicos a través del país y en la revista Fortune; y se me hizo una entrevista en el programa de noticias matinales del canal CBS de televisión, donde presenté mis hallazgos. Mucha gente se asombró de la cantidad de noticias dedicadas a una tesis doctoral. Yo atribuí toda esta suerte a mi sistema: sin aquel sistema nada de esto hubiera sido posible.

He hecho una descripción detallada de mis experiencias personales porque pienso que mi caso demuestra el poder de mi sistema. Si un estudiante que por poco no fue admitido en la universidad (por sus malas notas) es capaz de obtener el doctorado y obtener notas sobresalientes (todo A) en el transcurso, quiere decir que el sistema debe darle resultados a cualquier persona. Pero usted tiene derecho a una prueba más evidente de que mi sistema puede generalizarse y ser eficaz para otros.

Hace dos años hablé con un amigo y compañero de trabajo del sistema de estudio que yo había usado para obtener notas sobresalientes en la escuela de posgrado. El Dr. Murray Weitzman me dijo que su hijo Gary era estudiante universitario y me pidió si yo podría explicarle mi sistema a éste.

Después de hablar con Gary me dí cuenta de que había

semejanzas notables en nuestros antecedentes y experiencias. Gary es un joven muy activo que tiene muchos otros intereses además de sus estudios. Sus estudios secundarios fueron apenas promedio y él se describe a sí mismo como "un estudiante regular con promedio bajo C." El empezó a estudiar negocios en la universidad de Maryland y más tarde cambió su especialidad a Economía. Durante sus dos primeros años en la universidad, Gary aprobó la mayoría de asignaturas con C y algunas B. Más importante aún, es que él sentía que no estaba sacando el provecho debido a su experiencia universitaria.

Cuando hablé con Gary era el final del semestre de la primavera de 1982 y no quedaba bastante tiempo como para aplicar mi sistema. Durante el semestre siguiente, Gary empezó a usar mi sistema de manera selectiva en los cursos de su especialidad y notó que su dominio del material estaba mejorando. A pesar de que sus notas no mejoraron marcadamente ese semestre, Gary empezó a darse cuenta del poder de mi sistema.

Gary pasaba por un momento decisivo. O usaba mi sistema o continuaba con sus métodos de estudios antiguos. Y se decidió por usar mi sistema en todos sus cursos.

He aquí la diferencia que consiguió con esto. Durante la primavera de 1983 Gary estaba tomando una gran cantidad de asignaturas en Economía y en Estudios de Cultura Americana. Usando mi método en todos estos cursos consiguió notas buenas (B) y sobresalientes (A). En los cursos que recibió una B, le faltaba poco para ser A. Este éxito le animó mucho y se dispuso a usar mi sistema aun más decididamente en el semestre siguiente.

Francis Bacon escribió: "Saber es poder." Bien, he aquí un ejemplo del poder que resulta de conocer mi sistema. En el Otoño de 1983, Gary estaba tomando de nuevo una cantidad enorme de cursos en Economía, Sociología, Educación y Desarrollo Humano. Aplicando mi sistema en todos sus cursos obtuvo notas sobresalientes en todos ellos. Aquéllo fue un triunfo tremendo, considerando sus experiencias pasadas. Tras aplicar mi sistema en el último semestre, sólo en uno de sus cursos no consiguió una A por pocos puntos. Gary me confesó que se había descuidado un poco el último semestre —como hacen muchos— porque estaba ansioso por graduarse y empezar algo nuevo.

Hay algunos otros factores que hay que tener en cuenta cuando se consideran los triunfos de Gary. Durante el semestre en que consiguió todo A, Gary estaba viviendo en casa, trabajando aproximadamente 20 horas a la semana en un trabajo y tomando una gran cantidad de asignaturas. Es más, gracias a tan buenas notas pudo conseguir un puesto como asistente del profesor de una asignatura avanzada sobre relaciones entre empleados y gerencia. Incluso con este horario tan ocupado, Gary descubrió que tenía cantidad de tiempo libre para disfrutar de otras actividades, como béisbol y golf.

Hay otro aspecto más notable del éxito de Gary. Recientemente él me confesó que mi sistema crea gran confianza y disciplina y le cambia a uno la noción de lo que es ir a la universidad. El deseo de ir a clase y participar en la experiencia de aprender fue en aumento. Se dio cuenta de que cuando hablaba en clase era por lo general para dar respuestas, en vez de hacer preguntas. La experiencia resultó más agradable y sus amigos notaron un cambio cualitativo en su comportamiento y en sus logros. Su experiencia lo diferencia marcadamente de la multitud de estudiantes que pasan por la universidad y reciben nada más que un barniz de conocimiento. Su éxito en la universidad le permitirá a Gary continuar sus estudios de posgrado y conseguir un buen trabajo.

El Dr. Weitzman le contó también a su hija Paula sobre el sistema de estudio que yo le había explicado a Gary en la primavera de 1982. Paula Weitzman Borsos terminó su secundaria en Junio de 1975. Aunque Paula había sido una estudiante superior al promedio, con un promedio de "B menos", no tenía confianza de que le iba a ir bien en la universidad. No había dedicado mucho tiempo o esfuerzos a sus estudios secundarios y, como muchos de nosotros, sufría de ansiedad "matemática". Como resultado de esto, no fue a la universidad apenas salio de la secundaria, sino que decidió ir un año a Israel; después trabajó durante un año en un banco.

Paula asistió a la universidad de manera esporádica por algunos años, porque no podía decidirse si realmente quería estar en la universidad. Entró en la Universidad de Maryland el otoño de 1977, pero después de un semestre abandonó las clases para trabajar en un banco. Paula volvió a la universidad el otoño de 1978 a estudiar Economía, pero la abandonó de nuevo para ir a trabajar, esta vez durante casi un año. No satisfecha con su experiencia en el mundo del trabajo, volvió a la Universidad de Maryland en la primavera de 1980, estuvo dos semestres consecutivos en la especialidad de negocios, un semestre en la especialidad de textiles y otra vez dejó la universidad, porque estaba insatisfecha con su experiencia.

Las experiencias de Paula durante este periodo son similares a las de muchos estudiantes en la universidad. En realidad, ellos no quieren estar en la universidad ni saben qué especialidad escoger. Muchos esperan encontrar cierta orientación tras sus esfuerzos. Pero mientras la mayor parte de estos estudiantes permanecen en la universidad y sufren, Paula tuvo el valor de seguir sus instintos y dejar la universidad cuando realmente no quería estar allí.

Como muchos estudiantes en una situación similar, las notas de Paula fueron bajando durante estos periodos. Lo hizo muy bien en el primer semestre, porque su miedo y la falta de confianza en sí misma le hacían pasar la mayor parte de su tiempo estudiando. Durante su segundo y tercer semestre, en las especialidades de Economía y Negocios, fue capaz de mantener un promedio de "B menos". Al cambiar a la especialidad de Textiles en la primavera de 1981 aprobó con un promedio de C. Sus estudios iban claramente cuesta abajo.

Durante los dos siguientes años Paula no fue a la universidad; en lugar de esto se fue a vivir a Nueva Jersey, trabajó para varias compañías y se casó. El Dr. Weitzman le explicó mi sistema de estudios a Paula en la primavera de 1982, cuando ella fue a visitar a su familia. Se enteró del éxito que tuvo Gary en la universidad usando mi sistema y se mostró ansiosa de probarlo ella misma. Paula y su esposo se mudaron a Washington, D.C. en la primavera de 1983 y ella decidió intentar ir a la universidad de nuevo, pero esta vez estaba más decidida que nunca.

Cuando Paula retornó a la Universidad de Maryland el otoño de 1983 era una persona distinta. Desde entonces su experiencia ha sido de un éxito inigualable. Ella se especializa ahora en Contabilidad y en su primer semestre tomó una gran cantidad de asignaturas en Contabilidad, Estadística y otros cursos necesarios para completar su programa. Usando los métodos presentados aquí, consiguió notas sobresalientes (A) y buenas (B) en todas sus asignaturas ese semestre. En la primavera de 1984, Paula tomó de nuevo una cantidad enorme de asignaturas en Contabilidad, Finanzas y Economía. En este semestre, aplicó mis métodos aún más rigurosamente y consiguió sacar sobresalientes en todas sus asignaturas. Ahora Paula está estudiando su último año de universidad y es una estudiante muy seria y competente, determinada a triunfar en sus estudios. A diferencia de su experiencia pasada, ahora disfruta de ir a la universidad y tiene deseo de ir a clase.

¿Está convencido ahora de que usted también puede llegar a ser un estudiante sobresaliente? Estos tres casos demuestran claramente que incluso quienes han experimentado dificultades en sus estudios pueden llegar a ser estudiantes sobresalientes. Si usted es un estudiante promedio o está por debajo del promedio, está en capacidad de lograr lo mismo. Si acaso es usted un estudiante por encima del promedio, entonces la tarea será mucho más fácil. Henry David Thoreau lo resumió cuando dijo: "No conozco factor más alentador que la indiscutible capacidad humana de mejorar su vida por medio de un esfuerzo consciente.''

PRINCIPIO 2

Si otros que han experimentado dificultades en sus estudios han llegado a ser estudiantes sobresalientes, usted es capaz de conseguir lo mismo.

3
LA IMPORTANCIA DE SU EDUCACION

C. A. Helvetius, filósofo francés del siglo XVIII, dijo: "La educación nos convierte en lo que somos." En un sentido muy real, la educación nos convierte en lo que somos. Nosotros somos en gran parte el producto de lo que hemos aprendido y experimentado en el pasado. Su educación determina su conocimiento sobre una materia particular. Afecta su sistema de valores y creencias e influye en su manera de juzgar casi todas las facetas de la vida. Pero, principalmente, su educación influye en la clase de trabajo u ocupación que usted mantendrá en nuestra sociedad; y de una manera general influirá en el bienestar material que usted y su familia disfrutarán. Casi todo el mundo con quien usted hable, reconocerá la importancia de una buena educación. Como declaró el filósofo romano Publilius Syrus: "Sólo el ignorante desprecia la educación." La gente en el nivel más bajo de la escala económica acepta el conocimiento convencional de que sus vidas hubieran sido mucho mejor de haber continuado sus estudios. Los padres de este nivel social alientan a sus hijos a proseguir su educación para que tengan más oportunidades en la vida. Y dada la alta relación entre educación e ingresos, la gente en el nivel más alto de la escala económica es la primera en poner gran énfasis en la importancia de una buena educación.

Aunque algunos individuos adquieren grandes riquezas por herencia o por pura suerte, la mayoría reconocerá que su educación tuvo un papel muy importante en abrirle las puertas del éxito. Es seguro que pondrán énfasis en la importancia de la educación para obtener un trabajo que les recompense personal, psicológica y financieramente; y para aumentar asimismo su capacidad de disfrutar las experiencias de la vida.

Pienso que se puede afirmar categóricamente que los dos mayores beneficios de una buena educación son: mejor situación económica y satisfacción personal. Exploremos estas ideas más de cerca.

La capacidad para apreciar y disfrutar la vida aumenta con una mayor comprensión y dominio de sus mecanismos. Si bien las experiencias posibles de la vida y sus detalles son tan complejas que nunca podremos conocerlas a plenitud, lo que conocemos como "educación general" intenta familiarizar al estudiante con la mayor variedad de materias posible.

La educación de los primeros años nos da la oportunidad más amplia de conocer lo que es el mundo. Es la época cuando cobra mayor relevancia aquel dicho de Shakespeare: "Pues entonces el mundo es mi ostra y con mi espada la abriré." Es cierto que a través de la primaria y secundaria vamos progresando en nuestros conocimientos generales, estudiando asignaturas que van de lo puramente teórico a lo totalmente práctico; el dominio de una amplia gama de información es muy importante para desarrollar individuos completos, gente que se siente muy cómoda con el mundo en que vive y tiene mejor conocimiento de lo que le rodea.

Desafortunadamente, las ostras están sólo a medio abrir. Retenemos solamente una pequeña parte de lo que aprendimos en la escuela, como lo pueden confirmar los padres que tienen que ayudar a sus hijos con las tareas escolares. (Lo positivo de esta experiencia es que muchos de los padres llegan a dominar estas materias tras ayudar a sus hijos por segunda o tercera vez.) Gran parte de este conocimiento se pierde en los primeros años, porque los estudiantes no tienen buenos hábitos de estudio y la mayoría nunca llega a adquirirlos.

En la universidad también tenemos la oportunidad de tomar una amplia variedad de asignaturas, particularmente durante los dos primeros años. Esto nos permite acumular una gran cantidad de conocimientos de los hechos, principios y teorías principales. Este conocimiento también nos ayuda a obtener un mayor entendimiento y apreciación del mundo en que vivimos.

Hay oportunidades de usar este conocimiento casi todos los días de nuestra vida. Por ejemplo: el conocimiento de Química y Física nos ayuda a comprender mejor la constitución y el comportamiento de nuestro mundo físico; el conocimiento de la Botánica nos ayuda a apreciar más elementos en una flor que su radiante belleza; el conocimiento de la Geología nos permite darle un nuevo significado a nuestra visita al Gran Cañón de Colorado; el conocimiento de la Zoología aumenta el placer de ir al zoológico . . . la lista puede extenderse infinitamente. La adquisición de tales conocimientos transforma nuestras actividades corrientes en experiencias interesantes y nos ayuda a ver y entender el mundo en su enorme vitalidad, complejidad y esplendor.

Un aspecto más importante aún del conocimiento obtenido en la universidad: la habilidad para ver y comprender las relaciones entre varios hechos, principios y teorías.

Henry James, el gran novelista estadounidense, escribió: "En realidad, a nivel universal, *las relaciones* no tienen límites y el problema exquisito del artista es trazar eternamente, por medio de una geometría propia, el círculo dentro del cual *éstas* pareciesen finalmente hallar estos límites."

Verdaderamente, James tiene razón al decir que "las relaciones no tienen límites," pero una educación universitaria nos permite por lo menos "trazar un círculo" para delimitar las relaciones entre los varios principios, hechos y teorías. Usted descubrirá que puede relacionar mejor lo que ha aprendido en una asignatura con su conocimiento de otras, así como con las experiencias de cada día. Por ejemplo, su conocimiento de historia aumentará con su conocimiento de economía, gobierno y política. Incluso sus actividades rutinarias tales como leer el diario tendrán otro significado. El conocimiento le da mayor comprensión del significado de los acontecimientos del pasado, la expectativa de los acontecimientos del futuro y le ayuda a resolver problemas nuevos con mayor eficiencia.

Una buena educación también nos ayuda a desarrollar nuevos intereses y a conocer otras personas, haciendo la vida más interesante y más agradable. La vida sería muy aburrida si estuviéramos en una perpetua rutina sin encontrar nunca nada nuevo. Como el autor inglés Samuel Johnson escribió hace doscientos años: "La felicidad de la vida es la variedad."

En la universidad usted tomará cursos y leerá libros de varias disciplinas interesantes como la literatura, el arte y la música. El conocimiento de estas disciplinas le proporcionará nuevas fuentes de placer, como leer novelas, ir a museos o escuchar música clásica. Esto ampliará su perspectiva, hará de usted una persona más completa y le enseñará cómo disfrutar lo mejor de la vida. Sin duda, encontrará profesores y otros estudiantes con intereses similares que sabrán apreciar estas mismas cosas. En efecto, uno de los aspectos más agradables de la universidad es la amplia gama de gente que usted encontrará con diferentes intereses, diferentes habilidades y diferentes creencias.

El contacto con una gama de gente tan amplia nos ayuda a apreciar el grado de extrema diversidad que existe en el mundo. Como notó el ensayista francés Michael Montaigne: "Nunca han habido en el mundo dos opiniones semejantes; lo mismo que dos pelos o dos granos de cereales. La cualidad más universal de la opinión humana es su diversidad." Por medio de la educación nosotros llegamos no sólo a entender y a tolerar estas diferencias individuales sino también a apreciarlas.

Ir a la universidad desarrolla aún más la confianza en uno mismo y gran responsabilidad entre los individuos, porque tienen un control más grande sobre su destino. Con una educación universitaria usted no tiene que esperar a ser un anciano para desarrollar mayor confianza. La universidad le ayuda a pensar más independientemente, porque usted pasa mucho tiempo desarrollando sus habilidades. Ya sea leyendo un libro, atendiendo a clase, resolviendo problemas, escribiendo trabajos de investigación o dando un examen, todas estas tareas requieren que usted desarrolle su habilidad para pensar.

A medida que usted vaya desarrollando su capacidad para pensar empezará a darse cuenta de que puede resolver muchísimos problemas por sí mismo. La confianza en usted mismo aumenta al ver que puede tomar sus propias decisiones sin necesitar consejo de los demás. Será más crítico en su manera de pensar, en lugar de aceptar todo lo que declare una "autoridad." Al actuar, en vez de reaccionar ante los acontecimientos, usted se sentirá parte del proceso y que, por lo menos, tiene algún control sobre los resultados. Aquéllos que no tienen un conocimiento de los acontecimientos o se sienten acorralados por las circunstancias, son más propensos a sentirse ajenos. ¿Cómo se protege usted contra el enajenamiento? El filósofo John Locke dijo: "La única protección contra el mundo es conociéndolo profundamente."

Sí, la universidad puede hacer muchas cosas y hacer de usted una persona mejor, pero uno tiene que pensar también en lo que viene después, o sea, la vida después de la universidad. Considerando la cantidad de tiempo, dinero y esfuerzo empleado en obtener una educación universitaria, tenemos que tener una idea clara de nuestros objetivos. ¿Y usted? ¿Tiene una idea clara de sus metas? Como Platón dijo: "La vida que no se examina no merece la pena vivirla."

Usted debe hacer una evaluación cuidadosa de su situación personal y establecer sus metas mientras esté todavía en la universidad. Hágase unas cuantas preguntas básicas: ¿Qué es lo que espero lograr yendo a la universidad? ¿Acaso mi meta principal es estudiar todo lo que sea necesario para obtener una ocupación que me recompense tanto intelectual, como financieramente? ¿Estoy tratando de aumentar mi condición social y económica, para lograr un nuevo estilo de vida? ¿O mi interés es más general, por ejemplo, querer ser una persona educada? ¿Estoy estudiando principalmente para aprender cosas nuevas, recibir estímulo intelectual, aumentar mi propia realización y ampliar mi horizonte personal?

Su meta puede ser una sola o la combinación de las razones citadas o quizá algo que olvidé mencionar. No hay una sola respuesta correcta. (Hay sin embargo, respuestas erróneas, como, por ejemplo, usted no tiene ninguna meta, usted está simplemente pasando el tiempo o va a la universidad solamente por que sus padres así lo desean.) Cualquiera que sean sus metas, grábeselas firmemente en su cabeza, de modo que pueda desarrollar un comportamiento en miras a obtener sus objetivos y controlar su progreso hacia ese fin. Usted se sentirá mucho mejor sobre su situación si puede sentir cómo progresa hacia su objetivo.

Puede ser de ayuda si toma unos minutos para escribir sus metas en un papel para que esto le recuerde lo que trata de conseguir. Esto puede ser una referencia valiosa cuando se distraiga de sus estudios o empiece a hacerse preguntas elementales como: "¿Qué estoy haciendo aquí?" En esas circunstancias usted puede echar una mirada a sus metas y tendrá un estímulo más para trabajar más intensamente. Revisar sus progresos periódicamente le permite modificar su comportamiento lo necesario como para conseguir sus metas. Dado que vivimos en un mundo dinámico, es bueno reconocer que nuestras metas pueden cambiar en diferentes etapas de nuestra carrera. Si sus metas han cambiado, tendrá que cambiar su conducta para conseguir sus nuevos objetivos.

Lo más importante es recordar que las metas no se alcanzan inmediatamente; se necesita un cantidad considerable de tiempo y esfuerzo para alcanzarlas. Ser consciente de sus metas le ayuda a no distraerse y concentrarse en conseguir sus objetivos más rápido y de una manera más eficiente.

Estoy seguro de que todo el mundo ha pensado alguna vez sobre el trabajo que conseguirán tras su graduación, cualquiera que haya sido el motivo para haber ido a la universidad. Como el filósofo japonés del siglo diecisiete, Saikaku, observó agudamente: "La consideración más importante para todo el mundo a lo largo de la vida es ganar suficiente para poder vivir".

Voy a dedicar considerable atención en este capítulo al mundo del trabajo y las ganancias. Considerando que me he dedicado a estudiar esta materia desde que trabajo, es el área que conozco mejor. Esto deberá ayudarle a definir sus metas y le dará una idea de lo que puede esperar cuando empiece a trabajar, si acaso no está trabajando ya. Voy a considerar varios puntos, por ejemplo, qué tipos de trabajo se puede esperar, qué están buscando los jefes en los posibles empleados, y cuánto más puede usted obtener por tener una educación universitaria.

Su misión en el mundo laboral será mucho más especializada de lo que usted acostumbra en el mundo académico. Esto no debe ser ninguna sorpresa si usted ha sabido observar, ya que la especialización empieza en la universidad. Aunque la mayoría de las universidades require una tremenda variedad de asignaturas en los primeros dos años, rápidamente se orienta al estudiante hacia una especialidad. No solamente nos especializamos en una materia particular, sino que nos especializamos en un área precisa dentro de esta materia; en los estudios de posgrado nos especializamos aún más. El trabajo

requiere incluso de más especialización, particularmente si formamos parte de una organización grande en
la cual las tareas están bien definidas.

La especialización es esencial para una producción eficiente en una economía tan industrializada y tecnológica
como la nuestra. Ha sido así por mucho tiempo. El rápido
avance de la tecnología en nuestro país llevará incluso a
una especialización mayor en el futuro. Con la especialización viene el dominio de un área particular, lo que a
menudo trae satisfacción personal. Sin embargo, al concentrarse en una parte muy delimitada de un campo
muy específico, el individuo empieza a perder contacto
con el resto del mundo. Por eso, una buena educación
general debe proporcionar una buena base dónde
apoyarse.

Investigaciones actuales indican que la economía norteamericana está sufriendo cambios estructurales fundamentales en los tipos de empleo creados. Mientras que
en décadas pasadas las manufacturas eran el factor pri-
mordial de creación de empleos, actualmente los servicios y la alta tecnología ocupan ese lugar. Los trabajos de
alta tecnología tienden a tener una gran concentración
de trabajadores tecnológicamente orientados tales como:
ingenieros, científicos, matemáticos, especialistas de
computadoras, etc. Los servicios incluyen la industria
rápidamente creciente de restaurantes de comida al
paso y varios otros empleos de servicios personales.
Durante la década pasada los empleos aumentaron dra-
máticamente en las áreas de servicio y alta tecnología y
bajaron en manufacturas. Estas tendencias se espera que
continúen en el futuro.

Algunos analistas dicen que estos cambios estructurales resultarán en una mayor desigualdad de ingresos
en los Estados Unidos. Muchos de los empleos de servicio
tienden a ser rutinarios, mal pagados y requieren pocos
estudios. Por otra parte, los trabajos de alta tecnología son
con frecuencia más interesantes, mejor pagados y más
accesibles a personas que han tenido estudios en los cam-

pos de ingeniería y ciencias. No solamente se empieza con sueldos más altos en estos puestos, sino que hay mayor oportunidad de ganar más tras obtenerse más experiencia. El acceso que uno va a tener a los diferentes tipos de trabajo va a estar principalmente en función de la cantidad y calidad de los estudios que se tengan.

John Ruskin, el autor inglés, hizo una vez una pregunta significativa: "¿Quién de nosotros . . . está dispuesto a hacer el peor y más sucio trabajo para los demás . . . y por qué sueldo? ¿Quién va a hacer el trabajo más agradable y más limpio y por qué sueldo?" ¿Piensa usted que ello dependerá de la educación de la persona? ¿Debo responder esa pregunta?

La competencia por los mejores trabajos ha sido feroz en el pasado y probablemente continuará en los años venideros. En la década pasada hubo severa competencia por trabajos, ya que millones de trabajadores de la generación del auge de infantes (baby boom), entraron a la fuerza de trabajo. Esta generación consiste de más de 75 millones de personas nacidas durante las dos décadas posteriores a la Segunda Guerra Mundial. Estas personas han empezado a trabajar en cantidades astronómicas, como lo demuestra el hecho de que la población económicamente activa ha crecido en más de 30 millones desde el principio de la ultima década. Aunque muchos de los integrantes de este grupo tienen una educación elevada, la sobreabundancia de trabajadores resultó en un desajuste ocupacional, ya que no todo el mundo pudo encontrar trabajo en su especialidad. El volumen de personas con educación universitaria que empezó a trabajar disminuyó la posibilidad de obtener buenos ingresos con un título universitario. Estos acontecimientos resultaron en una gran frustración para las generaciones más jóvenes. La competencia por mejores trabajos continuará hasta que el último integrante de dicha generación del auge consiga un empleo en el transcurso de esta década.

En la generación actual, el número de personas que va a la universidad también ha aumentado, especialmente el número de mujeres. En efecto, ahora hay más mujeres matriculadas en la universidad que hombres y más están estudiando carreras que tradicionalmente sólo los hombres estudiaban. De acuerdo a las últimas estadísticas de la Oficina de Censos de los Estados Unidos, hay más de 12 millones de personas matriculadas en la universidad y más de la mitad son mujeres. Hoy es mucho más probable que las mujeres se especialicen en campos tradicionalmente reservados para los hombres, tales como: ciencias, negocios y administración. Cuando los de la generación actual empiecen a trabajar en los años próximos, los mejores puestos serán para las personas mejor calificadas.

Con toda esta cantidad de personas altamente educadas listas a trabajar, ¿cree usted que los patronos o jefes serán muy selectivos? ¿Piensa usted que las notas escolares de una persona serán importantes? ¿Es que debo contestar estas preguntas?

Como supervisor encargado de contratar muchas personas, sé personalmente la importancia de las buenas notas en el proceso de selección. Durante la década pasada he revisado cientos de solicitudes para unos pocos empleos disponibles. Como era imposible revisar cada solicitud en detalle, dí instrucciones a la oficina de personal para considerar solamente las solicitudes de personas cuyas notas fueran principalmente A y B. Esto redujo el número de solicitudes a un número más manejable, el cual pude investigar más a fondo por medio de entrevistas personales, revisión de trabajos anteriores, etc. Descubrí asimismo que muchos de mis colegas supervisores estaban usando el mismo sistema para seleccionar entre los postulantes.

¿Por qué habrían de hacer esto los empleadores? Después de todo, corríamos el riesgo de no considerar alguna persona bastante competente y calificada que, por la razón que fuera, no obtuvo buenas notas en la universidad. ¿Por qué hacíamos esto? Simplemente porque nuestra idea era que, aquéllos que habían tenido más éxito en la universidad, posiblemente resultarían mejores empleados. Aristóteles lo resumió hace 2,000 años cuando dijo: "Los hombres con educación son tan superiores a los que no la tienen, como los vivos lo son a los muertos."

Un empresario enfrentado a la tarea de contratar una persona desconocida para llenar una vacante se enfrenta a un caso clásico de incertidumbre económica. Este empleador no conoce la productividad real del solicitante, así que busca otras características que cree que estarán relacionadas con la productividad. La educación es un indicador importante en este respecto. Sin embargo, la educación es solamente un indicador, porque una educación elevada no garantiza necesariamente una productividad de alto nivel. En efecto, muchas personas arguyen que la educación no incrementa la productividad en absoluto, ya que en la universidad no adquirimos habilidades o técnicas que se puedan aplicar directamente en el trabajo.

La persona que ha terminado una carrera universitaria, sin embargo, es probablemente alguien que va a persistir en una tarea especifica hasta que esté terminada. Como el filósofo Herbert Spencer dijo: "La educación tiene por objeto la formación del carácter." Es más, una persona que ha tenido éxito en la universidad es posiblemente considerada como alguien que es mentalmente alerta y fácil de entrenar. Nunca se insistirá lo suficiente en la importancia de ser entrenable, ya que prácticamente todo trabajo requiere cierta dosis de entrenamiento. Por eso, una persona que ha terminado con éxito la universidad, va a tener seguramente una ventaja significativa sobre sus compañeros cuando compita por conseguir trabajo.

¿Cuánto vale su título universitario en dinero? Después de todo, no hay nada malo en pensar cómo mejorar su situación económica. Según la novelista inglesa Jane Austen: "Un ingreso alto es la mejor receta para ser feliz que yo haya oído. Ciertamente asegura el pavo y los condimentos."

Podemos tener una idea mejor del gran poder de un título universitario en las remuneraciones examinando algunas estadísticas recientes de la Oficina de Censos de los Estados Unidos. Alguna vez Benjamín Disraeli recalcó: "Hay tres clases de mentiras: las mentiras, las mentiras terribles y las estadísticas". Bien, he aquí algunas estadísticas que no mienten.

Una educación universitaria sin duda le asegurará más condimentos y pavo a usted. Basado en la encuesta de 1984 entre hombres que trabajan jornada completa durante todo el año, aquéllos con cuatro años de universidad o más tenían un sueldo anual promedio de $30,990, aproximadamente 48% superior al promedio anual de ingresos de hombres con sólo estudios secundarios ($20,870). Una comparación semejante entre mujeres que trabajan jornada completa todo el año indica que aquéllas con título universitario tenían un sueldo anual promedio de $18,580, aproximadamente 39% más que el promedio anual de ingresos de mujeres con sólo estudios secundarios ($13,410).

La diferencia de ingresos entre hombres y mujeres con niveles semejantes de educación depende de muchos factores, tales como diferencias en las carreras, en puestos de trabajo, en experiencia y tiempo trabajando, etc. Existe evidencia de que las mujeres están empezando a ocupar puestos que estaban en el pasado reservados a los hombres, tales como contabilidad y trabajos técnicos y profesionales. A medida que las mujeres entran en campos tradicionalmente ocupados por hombres y se mantengan en el trabajo por un periodo de tiempo más largo, la diferencia de ingresos entre ambos sexos disminuirá en el futuro.

La diferencia de ingresos entre aquéllos con estudios secundarios y graduados universitarios se manifiesta aún más cuando se considera el ciclo total de un trabajador (hasta los 65 años de edad). ¿Sabe por qué? Es mucho más probable que las personas con un título universitario ocupen puestos especializados que proporcionarán mayores ingresos con el paso de los años. Durante la mayor parte de la vida laboral activa de una persona en ocupaciones profesionales, los ingresos continúan aumentando rápidamente, mientras que en ocupaciones no profesionales tienden a mantenerse igual o a bajar en los últimos años. Como Aristóteles dijo hace mucho tiempo: "La educación es la mejor provisión para la vejez".

¿Qué diferencia acarrea tener educación en términos materiales a lo largo de toda la vida? Como una aproximación vamos a asumir que los ingresos aumentan casi al mismo paso que la inflación, de modo que los "ingresos reales" se mantienen casi iguales. Los hombres graduados de universidad que trabajan jornada completa durante todo el año ganarán aproximadamente $1.9 millones a lo largo de toda su vida laboral activa; comparado con $1.4 millones para hombres que sólo completaron la secundaria. La cifra comparable para mujeres que laboran jornada completa durante todo el año es $1.2 millones para las graduadas universitarias y aproximadamente $870,000 para las que sólo tienen la secundaria. Visto que, en el futuro, los ingresos deben aumentar más rápido que los precios los ingresos reales para todo el mundo deberán ser asimismo mayores. Pero una cosa es cierta, que la diferencia de ingresos entre las personas con título universitario y con secundaria solamente no dejará de existir. Es grato saber que estas grandes diferencias de ingreso están justificadas, porque las personas graduadas en la universidad son más productivas en el mercado de trabajo que las que sólo tienen secundaria.

Este ejercicio matemático simple con los ingresos de todo el ciclo laboral en la vida de una persona demuestra claramente la importancia de un título universitario para su bienestar económico. Además, hay que darse cuenta de que las cifras citadas son solamente promedios para cada grupo. Hay una dispersión considerable de niveles de ingresos entre los promedios de cada grupo. El éxito en la universidad pueden ayudarle a situarse en la parte superior de la escala de ingresos en lugar de la más baja. Si usted tiene más de cuatro años de universidad puede esperar que sus ganancias sean incluso mayores.

Aunque la suerte juega a veces un papel importante en las fortunas de los hombres, la influencia predominante en su bienestar económico será su propio comportamiento. Usualmente conseguimos lo que nos merecemos.

Usted controla su propio destino. Pero para conseguir ese destino debe saber cuáles son sus metas y cómo trabajar para conseguirlas. Como sugirió Epiceto, el antiguo filósofo griego: "Primero repítase a sí mismo lo que quiere ser; y luego haga lo que tiene que hacer." En última instancia todo depende de usted.

PRINCIPIO 3
Formule cuidadosamente sus metas y desarrolle el comportamiento adecuado para conseguirlas.

RESUMEN

PARTE PRIMERA
REFLEXIONES SOBRE LA
EDUCACIÓN

PRINCIPIO 1
Usted puede llegar a ser un estudiante sobresaliente si sabe lo que está haciendo, trabaja intensamente y tiene confianza de triunfar.

PRINCIPIO 2
Si otros, que han experimentado dificultades en sus estudios han llegado a ser estudiantes sobresalientes, entonces usted es capaz de conseguir lo mismo.

PRINCIPIO 3
Formule cuidadosamente sus metas y desarrolle el comportamiento adecuado para conseguirlas.

Aprendiendo las Técnicas Básicas

REVISION DE LAS TECNICAS BASICAS

En sus *Ensayos* Francis Bacon aconsejó: "La lectura hace al hombre un ser completo; el hablar, un ser preparado; y la escritura, un ser exacto."

Estas mismas son las técnicas básicas que usted debe dominar para llegar a ser un estudiante excelente. Usted debe ser capaz de comprender y retener la información de sus lecturas obligatorias; entender las teorías, principios y hechos presentados por su profesor en la clase; y demostrar su dominio de este material por escrito en los exámenes, informes de investigación y otras tareas. Esta sección del libro incluye tres capítulos diseñados para ayudarle a dominar estas técnicas básicas: Cómo Leer un Libro, Cómo Dar un Examen y Cómo Redactar un Informe de Investigación al Final del Curso.

¿Es esto realmente necesario? Después de todo, usted ha pasado por lo menos doce años aprendiendo las técnicas básicas para prepararse para la universidad. Sin duda ha leído innumerables libros, ha rendido pruebas muchas veces y ha escrito más ejercicios de redacción e informes de investigación que los que puede recordar.

Seguramente ha desarrollado una gran habilidad de todas estas experiencias.

Bien, todo esto puede parecer muy simple, pero como Henry Adams, el historiador americano dijo: "La simpleza es la amante más engañosa que jamás traicionara al hombre."

Es mucho más complicado dominar estas técnicas básicas que lo que parece a primera vista. No asuma que usted va a entender completamente un libro porque lo leyó de principio a final; o que conseguirá salir sobresaliente en un examen por contestar cuidadosamente desde la primera hasta la última pregunta; o que escribirá un informe original y perfecto porque ha leído mucho y ha resumido sus apuntes. No, eso no es suficiente; ¡hay algo más que esto!

En esta sección voy a describir las tácticas que he desarrollado a través de los años para ayudarle a dominar estas técnicas. Le enseñaré los pasos necesarios para llegar a ser un lector más activo, que le permitirán entender a cabalidad los libros y artículos que tenga que leer. Le mostraré las estrategias para conseguir las notas más altas en varios tipos de exámenes, incluyendo exámenes tipo ensayo, pruebas objetivas, exámenes de problemas, exámenes para hacer en casa, exámenes orales, y exámenes integrales. Y le enseñaré cómo escribir un trabajo de investigación original y completo, que será agradable de escribir e interesante de leer.

La tercera parte le mostrará cómo usar estas mismas técnicas básicas en un sistema integrado para llegar a ser un estudiante sobresaliente.

1
COMO LEER UN LIBRO

Hace más de 1,500 años San Agustín imploraba a sus compatriotas: "¡Comenzad a leer! ¡Comenzad a leer!" Su mensaje es tan pertinente hoy como lo fue en el pasado.

Los libros contienen el conocimiento de la humanidad acumulado a través de los siglos. Como Thomas Carlyle observó: "Todo lo que el ser humano ha hecho, pensado, adquirido, o sido, existe preservado de manera mágica en las páginas de los libros." Los libros nos brindan la oportunidad de encontrarnos con grandes pensadores frente a frente, aunque sean de otro lugar o época.

Es más, los libros y artículos que debe usted leer para sus cursos le ayudarán a dominar la materia del curso y a tener notas altas en sus exámenes. Como los profesores a menudo basan sus clases en los libros asignados, un conocimiento completo de lo que tiene que leer incrementará su dominio de lo que se ha enseñado en clase. Y como los profesores corrientemente no son capaces de dar en sus clases todo el material que se va a exigir en el curso, las lecturas suplementarán su conocimiento de la asignatura.

A través de los años, los investigadores han propuesto varios sistemas de lectura diseñados para incrementar la comprensión y la retención de la palabra escrita. Estas investigaciones datan de 1946, año en el que Francis Robinson escribió *Effective Study*, en el cual propuso el método SQ3R (Revisión, Pregunta, Lectura, Repaso, y Repetición). En 1954, Thomas Staton escribió un libro titulado *How to Study*, en el cual propuso un método un poco diferente llamado el PQRST (Revisión previa, Pregunta, Lectura, Repetición, y Examen). Más reciente (1972) es el libro escrito por Mortimer Adler y Charles Van Doren titulado *How to Read a Book*.

En general, los distintos métodos de lectura proponen diferentes métodos de revisar los resúmenes de la información (como los que están marcados en **negritas**), resúmenes de párrafos, frases principales, etc., antes de leer un libro o un artículo. La diferencia es que no están de acuerdo en el orden adecuado de estos repasos. No existe consenso sobre cuál de estos sistemas es el mejor, así que yo no voy a revisarlos aquí. (Los he incluido en mi bibliografía por si usted quiere investigarlos.) En lugar de esto, describiré el método que yo he encontrado mas útil tras muchos años de leer libros y artículos.

Vamos a asumir que usted acaba de coger un texto asignado para una de sus asignaturas. ¿Cómo debe proceder a leerlo?

La primera regla para leer eficientemente es encontrar un sitio confortable donde usted pueda leer. Yo prefiero usar ropa cómoda y sentarme en una butaca donde me pueda relajar. Sin embargo, no se relaje demasiado porque puede resultar menos eficiente en sus estudios. Se ha demostrado que cierta dosis de tensión muscular aumenta la eficacia y la claridad mental. Sentarse a leer ante un escritorio brinda la cantidad de tensión necesaria para algunas personas. Tendrá que experimentar para ver qué es lo que mejor funciona para usted.

Su sitio de lectura debe ser relativamente tranquilo y apartado para reducir distracciones. En casi todas las casas hay cierto nivel de ruido y no debe permitir que esto le distraiga. Algunas personas pueden mantener su nivel de concentración al leer a pesar del ruido. Si usted, como yo, no es uno de estos individuos, entonces le tengo una sugerencia. A mí me gusta tener un poco de música de fondo, para relajarme y encubrir los ruidos de la casa.

Asegúrese de que su sitio de lectura tiene buena luz para que no se canse innecesariamente o se estropee los ojos. A menudo verá estudiantes leyendo en un rincón oscuro. Se ha demostrado que la vista se cansa mucho menos bajo luz indirecta (tal como una lámpara fluorescente) que bajo luz directa. Asegúrese de que la luz ilumine uniformemente la página desde arriba o por detrás, para que no le refleje en los ojos.

Ahora que hemos terminado con los preliminares, ¿cómo hace usted para leer ese nuevo libro?

Es una buena idea revisar el libro antes de meterse de lleno en el primer capítulo. Primero, dé un vistazo al título completo para tener una idea general de lo que se trata el libro. La siguiente etapa es leer la pequeña nota sobre el autor que suele venir en la parte de atrás, para tener una idea sobre éste. Después lea el prólogo o introducción para saber por qué ha escrito el autor este libro y cómo está organizado. Luego mire el índice para tener una idea general de la estructura del libro y su contenido específico.

Tras esto, ya tiene usted una buena idea de lo que trata el libro. Si usted está revisando libros para ver su relación con el tema específico de una investigación, probablemente sabe ya con seguridad en este momento si debe continuar. Pero asumiendo que el libro que va a leer es necesario para su curso, prosigamos.

¿Está preparado para leer el primer capítulo? Es todavía demasiado pronto. Repase el capítulo antes de leerlo, en otras palabras, "mire el bosque antes de inspeccionar los árboles."

Revise rápidamente el primer capítulo para obtener una idea general de su estructura y su contenido. Lea los primeros párrafos, los resúmenes, los títulos y subtítulos, las conclusiones, etc. Mire las gráficas, dibujos o ecuaciones que encuentre en este capítulo. Este vistazo preliminar le ayudará a desarrollar el marco donde organizar el material que leerá, facilitándole su comprensión y retención. Aunque no se haya dado cuenta, ya ha transmitido una cantidad de información a su mente a nivel subconsciente. Su mente está trabajando con este material y comunicándose con el nivel consciente a medida que va leyendo, incrementando así su retención del material. Revise cada capítulo de esta misma manera antes de empezar a leerlo detalladamente.

Pese a que hemos hablado sobre la lectura de un libro hipotético para una asignatura, hay algunas consideraciones que hacer al revisar otros materiales. Debe usted usar los mismos principios presentados aquí para revisar artículos de revistas técnicas y otros textos. Es obvio que usted no querría revisar una novela o un libro de misterio de la misma manera. El propósito de tales libros es crear misterio y mantener el suspenso el mayor tiempo posible. Leer el final de un libro o adelantarse estropearía el argumento lo mismo que ver el final de una película antes del principio.

Finalmente, está usted preparado para leer el primer capítulo del libro de texto. Usted probablemente está pensando "me siento y leo, ¿o hay algo más?" ¡Sí, hay más, mucho más!

Usted deber tratar de leer el libro de una manera activa y no de una manera pasiva. Los lectores activos no sólo comprenden más que los lectores pasivos, sino que disfrutan la lectura y la encuentran más interesante. Como Henry David Thoreau dijo, refiriéndose posiblemente a lectores pasivos: "No todos los libros son tan aburridos como sus lectores." ¿Sabe si es usted un lector activo o pasivo? Vamos a descubrirlo.

Un lector pasivo va leyendo palabras sin concentrarse en lo que está leyendo. No intenta entender el mensaje del autor, las relaciones entre las ideas o su aplicación a la propia experiencia. Los lectores pasivos se distraen pensando qué es lo que van a hacer por la tarde, qué otras obligaciones tienen que hacer, cuánto echan de menos a alguien importante en su vida o tantas otras cosas que les gustaría estar haciendo en vez de leer un libro. ¿No es natural entonces que encuentren la lectura muy aburrida? Lo único que hacen es perder el tiempo, porque leer de una manera pasiva no va a aumentar su conocimiento de la asignatura.

¿En qué se diferencia el lector activo del lector pasivo? El lector activo seguirá el consejo que da Thoreau en su libro clásico *Walden:* "Los libros se deben leer tan pausadamente y tan en privado como se han escrito." El lector activo leerá el libro con una actitud deliberada, clasificando la información presentada, y comprendiendo la relación entre las distintas ideas. Comprender no es lo mismo que memorizar; es posible memorizar sin entender. Comprender lo que ha leído implica que usted puede explicarlo en sus propias palabras preservando la intención original del autor.

El lector activo llega a este nivel de comprensión haciéndose varias preguntas y tratando de contestarlas. Se preguntará cosas como: ¿De qué se trata este libro? ¿Qué dice en detalle? ¿De qué manera esta información está relacionada con lo que mi profesor ha dicho en clase? El lector activo también trata de relacionar lo que está leyendo con su conocimiento y sus experiencias. ¿Tiene alguna similitud el libro con algo que yo haya experimentado? Esta nueva información, ¿acaso altera mis conocimientos actuales, mi comportamiento o mi visión del mundo de una manera fundamental? Relacionando el material con sus propias experiencias lo hace más relevante y mas fácil de retener.

El lector activo astuto también lee de manera crítica y llega a ser un lector más creativo. Leer críticamente significa que usted esta constantemente indagando qué es lo que el autor quiere decir. Preguntas críticas son por ejemplo: ¿Qué preguntas son las que el autor está tratando de contestar y cómo lo hace? ¿Cuáles son las hipótesis del autor y en qué se basa para hacerlas? Las declaraciones del autor, ¿están basadas en conocimiento, hechos, experiencias u opiniones? ¿Es el autor objetivo o su trabajo refleja una cierta inclinación? ¿Está usted de acuerdo o en desacuerdo con lo que el autor esta diciendo? ¿En qué se basa para hacer este juicio? Si no está de acuerdo, ¿es porque el autor no ha mostrado evidencia de lo que dice o es que su lógica es defectuosa? Puede que usted no sepa las respuestas a todas estas preguntas, pero al intentar contestarlas ha dado un paso enorme para llegar a ser un lector activo.

Este proceso de hacer preguntas no acaba al terminarse el capítulo. Debe reflexionar sobre lo que ha leído y hacerse preguntas para ver si domina el material antes de pasar al capítulo siguiente. Haga una evaluación de lo que ha aprendido tras leer ese capítulo.

Además de hacer preguntas, el lector activo tiene otras características. Todas ellas tienen que ver con la intención de tener una comprensión integral y el dominio de todo lo importante en el libro.

Para poder captar el mensaje completo del autor usted tiene que leer y comprender cada una de las palabras que éste usa. Cuando encuentre una palabra que no entienda tómese el tiempo de buscarla en el diccionario. Aunque a veces pueda entender el significado de la palabra por su uso dentro del contexto, aquélla no es la mejor manera de dominar la palabra. Cuando busca una palabra en el diccionario cuenta con algunos minutos para estudiar los distintos aspectos de su definición. Fíjese en el origen de las palabras, cómo se escriben y cómo se pronuncian, a qué categoría gramatical pertenecen, los distintos sentidos que puede tener, etc. Es especialmente importante entender el significado de las palabras técnicas usadas en las asignaturas de ciencias; si usted no entiende a cabalidad un término técnico, no podrá comprender el principio que se está discutiendo.

Buscar palabras en el diccionario no solamente le ayudará a entender cabalmente el mensaje del autor, sino que también aumentará su vocabulario. Verá que tiene más dominio de las palabras y que es capaz de expresarse más claramente cuando tenga que contestar un examen por escrito y elaborar una respuesta. Y no solamente en la clase de inglés sino en todos sus cursos.

Para entender integramente el mensaje del autor usted deberá leer todo lo que éste presenta. Así es. Incluyendo diagramas, gráficas y tablas. Muchos estudiantes no prestan atención a tales explicaciones gráficas asumiendo implícitamente que dicho material es superfluo y que se puso en el libro para rellenar un espacio. Debe reconocer que el autor usó este material por alguna razón importante y que usted puede perder algo crucial si lo pasa por alto. A veces es posible ver y recordar una relación por medio de un diagrama, gráfico o tabla de una manera que no es inmediatamente evidente con palabras.

Usted debe reconocer que aunque haya leído todo lo presentado, el mensaje del autor puede no haber quedado claro. A veces las ideas y los principios que se discuten en sus lecturas pueden ser muy complicados y tendrá que investigar más profundamente para comprender del todo su significado. Como Albert Einstein escribió comentando algo de sí mismo: "Algo completamente escondido tiene que estar detrás de las cosas".

Si éste es el caso, puede que usted tenga que leer de nuevo el material de manera diferente para captar completamente el contenido. Una manera puede ser leyendo más despacio concentrándose en cada frase, una por una. Como William Walker escribió en su libro *The Art of Reading:* "Aprenda a leer despacio: todas las otras virtudes vendrán a su tiempo." Tras leer una frase, deténgase y pregúntese qué significa, antes de pasar a la siguiente. Trate de relacionar la idea nueva con lo que el autor ha dicho antes. Si aun así no puede comprender la idea completamente, marque la página y déjela temporalmente. Después de haber leído algo más, vuelva a este pasaje y posiblemente lo va a entender mejor. Ser capaz de observar ideas dentro del contexto de otras ideas a menudo ayuda a resolver el misterio, de la misma manera que comprenderemos mejor el significado de las palabras dentro del contexto de otras palabras en una frase.

¿Qué es lo que distingue al lector activo? El lector activo usa todas sus facultades y todos sus sentidos para dominar el material. Cada persona usa distintos sentidos para llegar a dominar cierta información. Algunas pueden aprender mejor a través de la vista; otras lo hacen de manera más efectiva oyendo; y otras encuentran que el estar en actividad física es mejor para ellas. Por ejemplo, algunos estudiantes encuentran que leer en silencio es bueno para ellos, otros encuentran que repetirlo en voz alta aumenta la comprensión, y todavía otros encuentran que la única manera de llegar a dominar el material es tomando notas. A algunos les gusta usar un lápiz o un marcador según van leyendo para subrayar las palabras claves, marcando las ideas principales, escribiendo preguntas en los márgenes del libro, etc. En realidad, para aprender cosas nuevas usamos una combinación de todos los sentidos. Use lo que sea mejor para usted.

Usted sabrá que se está volviendo un lector más activo cuando sea capaz de anticipar la idea y declaraciones del autor antes de leerlas. Esto indica que usted ha captado el propósito del autor y que sus ideas y las suyas van paralelas.

Sería muy negligente de mi parte no mencionar una palabra sobre cómo leer más de prisa en un capítulo dedicado a "Cómo leer un libro". Todo el mundo quiere leer un libro de prisa porque el tiempo es escaso y hay una enorme cantidad de actividades compitiendo con ésta, incluyendo la lectura de otros libros. Sin embargo, usted no debe nunca poner énfasis en la velocidad y excluir todo lo demás.

Ha habido más tonterías escritas acerca de cómo leer

de prisa que falsos remedios para el cáncer. Olvídese de los anuncios que le prometen que va a ser capaz de leer el Antiguo Testamento de la Biblia en tres horas deslizando sus dedos de arriba a abajo por las páginas, en zigzag. Esa pueda ser la manera de localizar un número en la guía telefónica, pero es obvio que usted no será un lector activo a ese paso. La mayor parte de la gente que pone énfasis en la velocidad está más interesada en pasar las páginas para jactarse con sus amigos —cuántos libros se ha leído— que en entender lo leído.

Echemos un vistazo al proceso que lleva consigo leer rápidamente. La clave para leer rápidamente es el número de palabras que usted puede ver y comprender a medida que sus ojos se mueven a través de la página. Las personas que pueden ver una palabra entera a la vez, pueden leer más rápidamente que aquéllas que tienen que leer letra por letra. Y personas que pueden ver varias palabras en una frase en una mirada, naturalmente leerán más de prisa que aquéllos que pueden ver sólo una palabra a la vez. Nuestros ojos se mueven a través de las páginas en varios estadios—llamados fijaciones—y cuantas más palabras podamos ver antes de parar, más de prisa leeremos.

El valor adicional de buscar palabras en el diccionario debe estar ahora muy claro. Si su vocabulario es limitado, usted no será capaz de leer con velocidad fácilmente. Cada vez que encuentre una palabra desconocida tiene que parar abruptamente y tratar de descubrir el significado de la palabra. Aunque, de momento, buscar palabras en el diccionario requiere mayor tiempo, a la larga esta práctica aumentará su velocidad porque podrá leer con menos interrupciones en el futuro. Sin duda usted encontrará que puede leer diferentes palabras a distinta velocidad, dependiendo de su complejidad. Como Francis Bacon dijo: "Algunos libros son para saborearlos, otros para tragárselos y algunos pocos para masticarlos y digerirlos". A menudo, una novela se puede leer muy de prisa porque se puede digerir el material a la misma velocidad que se va leyendo. Por otra parte, muchos escritos técnicos son muy complejos, abstractos y condensados, de modo que usted tiene que reflexionar sobre ciertas cosas por algún tiempo antes de comprender su significado. Yo recuerdo pasar varios minutos estudiando partes de páginas de mis textos de Economía en el posgrado debido a la extrema complejidad del material. Afortunadamente, las lecturas tienden a ser menos extensas en asignaturas técnicas.

A medida que usted adquiera más experiencia en leer, le será más fácil leer más de prisa. Sin embargo debe hacer siempre un esfuerzo para leer cada palabra de un párrafo y no pasarlas por encima; de otra manera puede quedarse sin entender completamente el mensaje del autor. Nunca se esfuerce por leer a una velocidad mayor de la que es capaz, porque puede ser una experiencia muy desagradable. Esto puede producirle ansiedad o hacer que sus ojos se cansen innecesariamente. En lugar de estarse preocupando mucho por la velocidad con que lee, yo le animaría a que ajuste su velocidad de lectura de una manera natural a un paso que le permita captar el material confortablemente. A estas alturas debe usted tener una clara idea de las cualidades de un lector activo. Llegar a ser un lector activo puede hacer que lo que solía ser una tarea pesada sea hoy una aventura nueva y excitante. El lector activo es como un explorador que se aventura en áreas desconocidas en busca de conocimiento y enriquecimiento. Si usted entra en esta aventura con una mente amplia y entusiasta, encontrará que la búsqueda es a la vez interesante y excitante. Hay una cierta satisfacción que viene de terminar un libro y hacer aquella sabiduría parte de la suya propia.

Si usted no ha sido un lector activo hasta este momento, tiene que revisar rápidamente el libro entero y leer lo que resta usando los principios explicados en este capítulo. Recuerde . . .

PRINCIPIO 1

Un lector activo revisa un libro antes de leerlo y continuamente se hace preguntas que le llevan a un entendimiento cabal del mensaje del autor.

2
COMO DAR UN EXAMEN

Charles Colton, el autor inglés del siglo diecinueve, escribió en su obra *Lacon:* "Los exámenes son temibles incluso para el más preparado, porque el más tonto de los hombres puede preguntar más que lo que el más sabio puede contestar." A pesar de la veracidad de esta declaración tenemos que reconocer que rendir pruebas forma parte de la vida.

En general, se nos somete a prueba en casi todo lo que hacemos. Al niño más pequeño se le prueba para ver cuándo puede hablar o andar. Al adolescente se le toma pruebas para ver lo bien que domina lo enseñado en el colegio o mostrar su rendimiento en los deportes. A los adultos que trabajan les juzgan sus supervisores para ver lo bien que han completado un proyecto asignado; incluso a los que no trabajan por un sueldo, la familia juzga sus actividades diarias, tales como preparar una comida. Sí, en un sentido general, los exámenes forman parte de la vida y nos siguen desde la cuna hasta la tumba.

En un sentido menos amplio, el examen es un hecho muy importante en la vida, que determinará su rendimiento en la universidad y qué oportunidades surgirán más adelante. A usted se le requerirá que dé varios exámenes en cada asignatura que tome, incluyendo un exa-

men extenso al final del semestre. Le guste o no, los exámenes son una prueba que tiene que tomar para pasar
al curso siguiente, conseguir su título, ser admitido en la
escuela de posgrados e incluso, posiblemente, obtener
un empleo.

A pesar de la frecuencia de los exámenes, la mayoría
de los estudiantes no se muestran muy inteligentes
frente a un examen. La habilidad para dar una prueba y
conseguir notas altas es una técnica adquirida, no una
habilidad innata. Sin el conocimiento de estas técnicas, la
mayoría de los estudiantes inteligentes y preparados
pueden tener malos resultados en un examen. Como
Renato Descartes, el gran matemático francés, dijo: "No
es suficiente tener una mente brillante. Lo más importante es usarla bien."

En este capítulo voy a presentar los procedimientos
básicos que necesitará para llegar a ser un estudiante
capaz de dar un buen examen. Asumamos por un
momento que usted ha estudiado lo suficiente como para
obtener sobresaliente en el examen. Los pasos que le
harán capaz de alcanzar este nivel de preparación son
tema de la Tercera Parte, "Un Sistema para Obtener
Sobresaliente." Aunque le parezca que "estoy poniendo
la carreta delante del caballo," es posible aislar las técnicas básicas para rendir una prueba. Cuando lleguemos a
la Tercera Parte sabrá como usar estas técnicas de modo
más eficiente y ser un estudiante sobresaliente.

Voy a explicar los distintos enfoques que se deben usar
al dar diferentes tipos de exámenes. Esta revisión comprenderá los tipos básicos de examen que se dan en clase,
tales como exámenes tipo ensayo, exámenes objetivos
(respuestas múltiples, verdadero-falso), exámenes de
problemas (en matemáticas y ciencias), y exámenes con
libro abierto (en los cuales se permite el uso de materiales
suplementarios). También explicaré el enfoque que se
debe dar a los exámenes para hacer en casa, exámenes
integrales y exámenes orales. No voy a ocuparme de los
métodos usados para otros exámenes como aquéllos para

medir el coeficiente intelectual, los de aptitud verbal y diversos exámenes estandarizados. La persona interesada en este tipo de exámenes puede ver el libro de Bernard Feder, *"The Complete Guide for Taking Tests"*, listado en mi Bibliografía.

Antes de empezar con los métodos usados para cada tipo de examen, voy a revisar los principios básicos que usted debe seguir antes de cualquier examen.

Principios Básicos antes del Examen

Nunca llegue tarde. Siempre llegue al examen mucho antes de su inicio. Evite las prisas o llegar tarde porque esto es desconcertante, puede ponerse nervioso y puede perder tiempo muy valioso que necesitará para terminar el examen.

Lleve cantidad suficiente de artículos. Asegúrese de llevar todo cuanto pueda necesitar, como lapiceros, borradores, papel, cuadernillos de exámenes y cualesquiera otros útiles como reglas, calculadoras, compás, etc. Es desconcertante tener que depender de sus compañeros para que le presten estas cosas. ¿Aparecería usted en la cancha de tenis sin raqueta? Por supuesto que no. Esté preparado en clase de la misma manera.

No escuche la charla de sus compañeros antes del examen. Si llega temprano al examen, va a oír a sus compañeros probándose unos a otros sobre varios tópicos o tratando de predecir las preguntas que traerá el examen. No les preste atención. Es demasiado tarde para poder añadir algo a su conocimiento y esta charla solamente le confundirá o le desanimará. Si eso le molesta, dése un pequeño paseo fuera de la clase para relajarse y tranquilizarse.

Lea y escuche las instrucciones. Este principio es tan importante que lo voy a repetir. "Lea y escuche las instrucciones". Asegúrese de que sabe exactamente lo que tiene que hacer en lugar de lanzarse inmediatamente a contestar las preguntas. Escuche cuidadosamente las instrucciones verbales y preste particular atención a las instrucciones generales escritas en el papel del examen. Las instrucciones le dirán qué preguntas tiene que contestar, qué tipo de respuesta espera su profesor, en qué orden se deben contestar y cuántos puntos se asigna a cada pregunta. Muy a menudo los estudiantes se lanzan a contestar preguntas para darse cuenta luego de que han contestado las preguntas equivocadas. Es bastante difícil salir sobresaliente en un examen aun tras contestar las preguntas correctas...

Escriba su nombre en el papel del examen. Si no hace esto, el profesor puede darle su nota sobresaliente a otra persona.

Estos principios son tan básicos, que estoy seguro que los ha oído usted por lo menos miles de veces. Y todavía algunos de estos principios se violan cada vez que se da un examen. Grábese estos principios en su mente.

Exámenes Tipo Ensayo

En asignaturas que no son ciencias o matemáticas, el tipo de examen más popular que se da en la universidad es sin duda el examen tipo ensayo. Según recuerdo de mis años de estudiante, antes de mi graduación, la mayoría de los exámenes que se toma en la universidad era de este tipo y casi todos a nivel de posgrado. Los exámenes de problemas, de los que hablaré más tarde, son, en cambio, la forma de examen predominante en asignaturas de ciencias y matemáticas. Debido a la importancia abrumadora que tienen los exámenes tipo ensayo, les voy a prestar especial atención.

¿Por qué son estos exámenes tan populares entre los profesores? Lo son porque estos exámenes no sólo miden la habilidad para recordar información, si no que demuestran también su habilidad para analizarla, interpretarla y aplicarla de una manera organizada y lógica. Esencialmente prueban las habilidades que no pueden ser medidas en un examen objetivo corriente. Los exámenes tipo composición revelan el razonamiento necesario para contestar y, por tanto, la comprensión real que tiene el estudiante de la materia. Estos exámenes tienen como meta fomentar la creatividad y la organización de ideas. Y miden la habilidad del estudiante para expresar estas ideas en una composición bien pensada y bien escrita, que es la marca de toda persona instruida. Como John Sheffield, Duque de Buckingham, solía decir: "De todas aquellas artes en que el sabio sobresale, escribir bien es la obra maestra de la naturaleza."

Bien, ¿qué es lo que hay que hacer para dar una buena respuesta a una pregunta tipo ensayo? ¿Piensa usted simplemente la respuesta y la escribe? Ni mucho menos . . . ¡eso sólo le traerá problemas! Para demostrar lo que hay que hacer en un examen tipo ensayo, examinemos todas las etapas, de principio a fin, de un examen hipotético.

Supongamos que le acaban de dar un examen tipo ensayo en una de sus asignaturas. Usted ha leído y escuchado cuidadosamente las instrucciones y sabe lo que debe hacer. ¿Qué hace ahora?

Es crucial cómo emplea los 5 primeros minutos de un examen tipo ensayo. Sus decisiones en los primeros minutos determinarán qué preguntas va a contestar, cómo las va a contestar y qué nota va a recibir. Tiene que tener mucho cuidado, porque si empieza mal nunca se va a recuperar. Una buena analogía es una carrera en una competencia deportiva. Usted tiene que empezar adecuadamente o tendrá poca oportunidad para ganar.

Use los primeros cinco minutos mirando el examen muy cuidadosamente. Fíjese cuántas preguntas y cuántas páginas hay en el examen (no se olvide de la última página). Tiene que leer TODAS las preguntas cuidadosamente antes de contestar por escrito alguna de ellas. No se lance inmediatamente a contestar una pregunta.

Al ir leyendo la primera pregunta, pregúntese que es lo que se le está pidiendo. ¿Está el profesor probando su conocimiento de trivialidades, su entendimiento de ideas y sus relaciones, la aplicación de principios básicos o qué? Lea cada palabra de la pregunta, subrayando las palabras claves que le van a decir qué es lo que debe hacer. ¿La pregunta le exige explicar o describir, comparar o contrastar, desarrollar o demostrar algo? Tales instrucciones pueden parecer muy similares, pero el significado es completamente diferente. En el apéndice de este libro encontrará una lista de las palabras claves más usadas en las preguntas tipo ensayo. Debe leerlas cuidadosamente en algún momento.

Si no comprende completamente la pregunta, pídale al profesor inmediatamente una aclaración. Verá que la mayoría de los profesores está dispuestos a ayudar. Al leer la primera pregunta, anote las palabras o ideas que le vengan a la mente como parte de la respuesta. Hágalo al margen del papel del examen. No necesita escribir frases completas, unas pocas palabras le servirán para recordar esas ideas cuando vuelva a esta pregunta para contestarla.

Muy bien. En este momento usted comprende exactamente lo que se le está pidiendo en la primera pregunta. ¿La contesta usted ya? No, todavía no. Usted debe leer las demás preguntas del examen, usando el mismo sistema que ha empleado en la primera.

Hay tres razones importantes por las que usted debe leer todas las preguntas antes de intentar contestar cualquiera de ellas. Primero, es bueno leer todas las preguntas para darse cuenta de lo que tiene usted que hacer. Segundo, las preguntas en los exámenes tipo ensayo a veces están relacionadas unas con otras. Tercero, y más importante, al leer todas las preguntas al principio, está transmitiendo información a su mente a nivel subconsciente. Su mente estará trabajando con esta información durante todo el examen, aumentando la probabilidad de que encuentre una buena respuesta cuando empiece a contestar las preguntas.

Vamos a asumir que ya ha terminado de leer todas las preguntas. Si puede elegir, tendrá que decidir cuál contesta primero. A medida que leía y anotaba ideas usted estaba revisando su conocimiento sobre ese tema. En este momento debe tener una idea clara de cuáles son las preguntas con las que se siente más cómodo o conoce mejor. El sentido común le dicta que seleccione ésas. No elija una pregunta de la que no sepa mucho simplemente porque sea un reto. Tendrá mucho tiempo para retos cuando empiece a trabajar.

Una vez que ha elegido, cuente rápidamente los puntos que vale la pregunta. El tiempo a emplear en cada respuesta debe ser proporcional a los puntos que le van a dar. Por ejemplo, si el examen va a durar dos horas y tiene una pregunta de cincuenta puntos y dos de veinticinco, debe dedicar una hora a la primera pregunta y media hora a cada una de las otras dos. Fíjese a qué hora debe empezar la segunda pregunta, la tercera, etc. Trate de ser fiel a este horario para que tenga tiempo suficiente para terminar todas las preguntas. No tiene objeto contestar una pregunta maravillosamente y fallar en las otras dos.

Bien, ahora ya está usted preparado para contestar una pregunta. Pero, ¿cuál de ellas contesta primero? Si el profesor no ha especificado un orden, lo mejor es contestar las preguntas más fáciles primero y volver a las más difíciles más tarde. ¿Por qué? Si trata de contestar la pregunta más difícil primero se puede poner ansioso porque verá que no adelanta y el reloj avanza. Si vuelve a las preguntas difíciles más tarde, su confianza será mayor y podrá enfrentarse a ellas de una manera más racional. Esta confianza viene del sentimiento de que ha completado la mayor parte del examen de una manera satisfactoria. Es más, dejando las preguntas difíciles para el final, su mente ha tenido más tiempo para considerar el problema a nivel subconsciente.

Cuando vuelva a las preguntas más fáciles, para empezar a trabajar en ellas cuenta con las pocas ideas que anotó en la primera lectura. Obviamente necesita algo más antes de poder empezar a responder. ¿Qué proceso debe seguir para desarrollar una respuesta integral a tal pregunta? Veamos algunos consejos que da el filósofo John Dewey sobre el proceso de pensar racionalmente en su libro *How We Think*.

Según Dewey hay distintas etapas para pensar racionalmente. La primera etapa es reconocer el problema. ¿Qué es lo que el profesor está pidiendo en particular en la pregunta del examen? Bien, usted ha decidido ya esto la primera vez que leyó la pregunta.

La siguiente etapa es analizar el problema. Esto significa revisar todo su conocimiento sobre esta materia, dividirlo en partes y establecer las relaciones entre ellas. Usted ya lo hizo en parte al leer por primera vez la pregunta. Ahora es el momento de completar su análisis.

La etapa siguiente es encontrar posibles soluciones al problema. Después que ha analizado la pregunta del examen se le pueden ocurrir distintas respuestas y todas parecerle igualmente buenas.

La etapa final es probar y verificar la exactitud y totalidad de las respuestas posibles. En esta etapa usted compara las soluciones posibles con la pregunta, para determinar cuál de ellas constituye la mejor respuesta. En esta última etapa, desecha aquéllas que no dan una respuesta completa a la pregunta.

A medida que atraviese las distintas etapas del proceso de Dewey encontrará información adicional para incluir en su respuesta. Escriba estas observaciones al margen de su examen junto con las que anotó al leer la pregunta por primera vez. Insisto: use palabras o frases cortas para expresar sus ideas, no oraciones completas. En este momento, ha escrito ya los puntos principales para toda la información que incluirá en su respuesta. La próxima etapa es indicar el orden en el cual redactará la información en su respuesta. Esto es similar a hacer un esquema de trabajo, pero en este momento no tiene tiempo de hacerlo. Numere los puntos en el orden en que los va a redactar en su respuesta.

Ahora está usted ya preparado para empezar a escribir su ensayo. Antes de discutir cómo hacer esto, vamos a analizar lo que hemos hecho. He empleado varias páginas para describir el proceso de su pensamiento para contestar preguntas tipo ensayo porque yo he dividido estos procesos en distintas partes. En realidad, su mente atravesará estas etapas mucho más rápidamente que lo que le ha tomado leer estas páginas. Valga la analogía, necesitaría varias páginas para describir cómo darle a la pelota con la raqueta al jugar al tenis, pero si usted sabe jugar tardará sólo unos segundos para hacerlo.

Ahora, ¿cómo escribe su composición? ¿Escribe simplemente las notas en el orden en que las había enumerado? Básicamente es eso, pero vamos a ver si podemos estructurarlo un poco más.

Aristóteles bien dijo que "la totalidad es aquello que tiene principio, intermedio y fin". Esto es exactamente lo que va a requerir su respuesta para ser completa. Exponga el tema muy claramente en la introducción. Después desarróllelo en la parte intermedia de su respuesta. Cada párrafo debe presentar argumentos, evidencias o razones para respaldar su tema. Asegúrese de citar ideas y hechos importantes y también ejemplos y detalles que apoyen su hipótesis. Esto demuestra que no sólo tiene usted conocimientos generales sino también un conocimiento profundo. De hecho, mencionar algunas excepciones demuestra la extensión de su conocimiento sobre ese tema. Use también los términos técnicos apropiados para demostrar que tiene un alto grado de dominio sobre el material. Y, por supuesto, a los profesores les impresionan las declaraciones profundas, especialmente si reconocen en ellas algo de la sabiduría que ellos han transmitido en su clase. Finalmente, su composición debe tener una conclusión que resuma su hipótesis.

Hay un principio básico que los estudiantes violan invariablemente en este tipo de examen: responder a la pregunta que se hizo. Muchos estudiantes responden a la pregunta que les gustaría responder, antes que a la pregunta que se está haciendo. Asegúrese de que su respuesta trate solamente sobre la pregunta que le están haciendo. Nunca dé en su respuesta información innecesaria, solamente por dar una respuesta más larga. Esto le hará pensar al profesor que usted está tratando de engañar un poco, porque no conoce la respuesta real. Es mejor usar el principio "navaja de Ockham", enunciado por William de Ockham: "No se debe establecer una pluralidad cuando no es necesario." Recuerde que su nota dependerá de la manera cómo respondió a la pregunta que se le hizo y no a sus conocimientos generales.

Si ahora parece muy fácil contestar preguntas tipo ensayo recuerde que Esopo dijo: "Las apariencias a veces engañan." A veces encontrará situaciones difíciles en exámenes para desarrollar. Vamos a examinar algunas.

Incluso si usted se ha preparado lo suficiente para un examen, puede encontrar una pregunta que no sepa inmediatamente cómo contestarla. Cuando esto suceda, vea la pregunta como un reto. Si no puede encontrar una respuesta aceptable inmediatamente, siga trabajando en ella. Ataque el problema desde una perspectiva distinta para tratar de conseguir un punto de apoyo que le ayude a deducir la respuesta. Base su respuesta en una evidencia concreta y no en suposiciones sobre lo que usted piensa que sería la respuesta. Si la pregunta parece demasiado larga y compleja, divídala en partes manejables para que pueda enfrentarse a ella. Haga lo que haga, no se rinda. Hay una respuesta correcta a la pregunta y usted la encontrará si es suficientemente persistente e innovador.

A veces, a pesar de intentarlo, usted simplemente no puede encontrar una respuesta. En este caso debe por lo menos escribir algo. Si se ha preparado bien para el examen, definitivamente sabrá algo pertinente. Como dijo Ralph Waldo Emerson: "Somos más inteligentes de lo que creemos." Trate de pensar en los temas generales y en los puntos más importantes que ha estudiado, para ver si hay algo que tenga relación con la pregunta. A medida que empiece a escribir encontrará que esta información empieza a aparecer. A veces conectará con una cadena de recuerdos en la cual una idea conecta con otra y así sucesivamente, hasta que tenga una respuesta aceptable. Una cosa es cierta: si no escribe *nada*, no va a obtener ningún punto. Si escribe *algo*, tiene al menos la oportunidad de obtener algunos puntos incluso si lo que ha escrito está incompleto.

Si las sugerencias que yo he hecho no resultan y llega a un impase, no emplee mucho tiempo en la respuesta. Deje un espacio en su papel de examen para ésta y pase a la siguiente pregunta. Puede volver a la pregunta problemática al final del examen, después de haber desarrollado las que conoce más. En ese momento estará más preparado para enfrentarla, porque su mente ha tenido más tiempo para trabajar en el problema a un nivel subconsciente.

Otro factor que hay que reconocer es que en los exámenes hay cierta predisposición a cometer errores. Nadie es perfecto. Usted puede haber empezado a contestar la pregunta de modo erróneo. O incluso si empezó correctamente, puede haberse desviado. Tiene que tener mucho cuidado según va trabajando para detectar estos problemas. Si se da cuenta pronto de que está cometiendo un error, siempre puede retroceder y corregirlo. De acuerdo al economista inglés John Maynard Keynes, ''no es malo equivocarse algunas veces . . . especialmente si uno se da cuenta rápidamente.''

Quizá lo más terrible que puede pasar en un examen tipo ensayo es darse cuenta de que se le ha terminado el tiempo. Usted puede haber estado imbuido en su trabajo y haber perdido la cuenta del tiempo, cuando súbitamente el profesor anuncia que se van a recoger los papeles del examen ¡en cinco minutos! Es especialmente desesperante cuando usted sabe las respuestas a las otras preguntas y ve que no las va a poder contestar porque no ha distribuido su tiempo inteligentemente. ¿Qué debe hacer?

Primeramente, ¡no deje que le entre pánico! Lo mejor

en este caso es escribir un esquema de las preguntas que no pudo contestar. Anote los títulos, subtítulos y los hechos que servirían de apoyo. Escríbale una pequeña nota a su profesor diciéndole que ha hecho este resumen porque no le queda bastante tiempo. A menudo, puede conseguir casi todos los puntos que vale la pregunta usando esta técnica, porque los profesores se dan cuenta de que esto le puede pasar a cualquiera; probablemente les ha pasado a ellos mismos muchas veces.

Exámenes Objetivos

Los exámenes objetivos son de varias formas, como: verdadero-falso, selecciones múltiples, completar los espacios en blanco, relacionar preguntas y respuestas; o alguna combinación de todas éstas. Un examen se llama objetivo si todos los que dan el examen se someten a los mismos estándares y condiciones y solamente hay una respuesta correcta para cada pregunta. Mientras que los exámenes para desarrollar requieren que usted organice y presente sus ideas de una manera lógica, los exámenes objetivos miden principalmente su habilidad para recordar cierta información. Un examen objetivo bien diseñado puede probar también su habilidad para analizar, interpretar y aplicar su conocimiento, pero no puede medir su creatividad.

Las preguntas objetivas se usan frecuentemente en los exámenes estandarizados, pero usted no va a encontrar muchas en los cursos de la universidad. Algunos profesores preferirían usar los exámenes objetivos, porque son fáciles de corregir y reducen la cantidad de trabajo. A pesar de esto, la mayoría de profesores no toma exámenes objetivos, porque tanto profesores como estudiantes los consideran superficiales y mecánicos. Casi el único sitio donde los encontrará es en las clases de primer año o en clases muy numerosas, donde el profesor tiene mucho trabajo; e incluso en estos casos, estos exámenes se consideran como una cosa bochornosa. A

pesar de esto, presentaré algunos de los principios básicos para dar exámenes objetivos, por si usted se encuentra con alguno.

Los principios básicos para tomar un examen objetivo
son distintos de los usados en un examen tipo ensayo.
Usted debe revisar rápidamente el examen, para determinar el número de preguntas y páginas, pero no trate
de leer íntegramente todas las preguntas antes de mar-
car sus respuestas. La mejor manera es contestar a las
preguntas en el orden en que aparecen. Deje las preguntas más difíciles en blanco, márquelas con una interro-
gación y pase a la pregunta siguiente. Usted puede volver
a las más difíciles después de haber terminado con las
más fáciles. Esas pueden ser más manejables más adelante, ya que su mente ha tenido más tiempo para con-
siderarlas a nivel subconsciente. Además, puede que
encuentre información en otras preguntas que le ayudará a responder las más difíciles. No sea supersticioso
con el orden de las respuestas. Por ejemplo, no se deje
influenciar por un patrón como V,F,V,F,V,F . . . en un
examen verdadero-falso; o a,b,c,a,b,c, . . . en un examen
de selección múltiple.

Hay algunos principios especiales que observar en los
exámenes de selección múltiple. Estos exámenes son a
veces un reto porque hay varias respuestas que parecen
correctas. Lo mejor es tratar de descubrir la respuesta
antes de mirar las opciones. Si entre ellas encuentra la
respuesta que cree correcta, debe examinar las otras
opciones todavía para estar seguro que no hay ninguna
que parezca "más correcta" que la que usted originalmente pensó. Si no sabe la respuesta, lea cada opción cuidadosamente y elimine las que sabe que son erróneas. De
esta manera puede llegar a la respuesta correcta por un
proceso de eliminación.

Hay una cantidad de sabiduría popular sobre cómo
rendir exámenes objetivos, basada principalmente en la
presunción que su profesor es ingenuo. ¡Bien puede que
éste no sea el caso! Por ejemplo, algunos le aconsejarán

que evite las opciones en las cuales se usan palabras como *todo, ninguno, siempre, nunca, debe, solamente*, etc., porque nada en la vida es tan exclusivo. Otros le aconsejarán que elija opciones en las que se usan palabras que dejan entrever ciertas excepciones, tales como *algunas veces, frecuentemente, raramente, a menudo, casi nunca, normalmente*, etc. También le aconsejarán evitar la primera y la última opción, porque los profesores se sienten más cómodos poniendo la respuesta correcta en la mitad. Otra recomendación es seleccionar la opción que sea más corta o más larga porque es más probable que sea correcta. Otros aconsejarán que no cambie nunca su respuesta, porque la primera intuición es siempre la mejor.

Aunque puede haber algo de verdad en esta sabiduría popular, es básicamente superstición. ¡Debe evitarla! Si quiere algún consejo escuche a Benedicto Spinoza, el gran filósofo holandés: "Aquél que pueda distinguir lo verdadero de lo falso tiene que tener una idea cabal de lo que es verdadero y falso."

Aquí hay otro consejo adicional a seguir. Si usted ha terminado el examen y todavía no sabe la respuesta a una pregunta, entonces escoja al azar una de las respuestas. Así es: elija al azar. Por lo menos hay cierta posibilidad de estar en lo correcto—muy buenas posibilidades en un examen verdadero-falso y bastante probables en un examen de selección múltiple. Incluso en exámenes donde se castiga el error, es mejor hacer suposiciones, si es que no se pierden muchos puntos. Como el presidente Franklin D. Roosevelt aconsejó una vez a un grupo de estudiantes: "Es sentido común escoger un método y probarlo. Si fracasa, admítalo francamente y trate otro. Pero, sobre todo, trate algo."

Exámenes de Problemas

Los exámenes de problemas se usan principalmente en las disciplinas cuantitativas (tales como matemáticas y

ciencias) para probar su habilidad de razonar lógica-
mente al resolver problemas. Algunas personas tienen
un bloqueo mental ante las matemáticas en diversas formas, comúnmente llamada "ansiedad matemática."
Dichas personas se petrifican con sólo pensar que tienen
que dar un examen de matemáticas. La habilidad matemática está unida a la habilidad de razonar abstracta-
mente, la cual, en algún grado, es innata. Algunos ven las
matemáticas como una forma de arte. Escuchen a Ber-
trand Russell, filósofo y matemático: "Las matemáticas,
vistas correctamente, poseen no solamente la verdad
sino la suprema belleza, una belleza fría y austera, como
la de una escultura." El se estaba refiriendo principalmente a las matemáticas puras y abstractas. Incluso si
uno no es un matemático por naturaleza, hay algunos
principios básicos que le ayudarán a conseguir notas más
altas en exámenes de problemas.

Como en los exámenes de tipo ensayo, usted debe leer
íntegramente todos los problemas antes de empezar a
resolver cualquiera de ellos. A medida que lea cada pregunta, subraye las palabras claves que le dicen lo que
tiene que hacer y los datos importantes, tales como las
que dan información, unidades de medida, etc. Apunte
en el margen de su papel cualquier idea que le venga a
la mente, tales como fórmulas específicas o maneras
posibles de resolver el problema. Pase rápidamente al
siguiente problema y continúe de la misma manera. Después de haber leído todas las preguntas, tendrá mejor
idea de cuáles son relativamente fáciles y aquéllas que
pueden tener alguna dificultad. Si puede elegir, seleccione los problemas que le van a ser más fáciles y calcule
cuánto tiempo tendrá que trabajar en cada uno de ellos.
Resuelva los problemas más fáciles primero y vuelva a
los problemas difíciles más tarde, por las mismas razones
expuestas en la sección previa sobre exámenes tipo
ensayo. A medida que va resolviendo cada problema asegúrese de que sabe exactamente qué es lo que se está
pidiendo. Anote las variables a resolver para que sepa
qué es lo que está tratando de resolver. Puede ser de gran

ayuda organizar los datos que se le dan en una tabla o hacer un dibujo o un diagrama que muestre lo que tiene que hacer para resolver el problema. Si es posible, trate de predecir una respuesta razonable al problema antes de empezar a trabajar, para tener una base para comparar más tarde. Siempre demuestre en el papel todos sus cálculos en los exámenes de problemas, en lugar de tratar de hacer cálculos complejos en su cabeza. Si comete un error tonto y obtiene una respuesta incorrecta, el profesor puede ver dónde se equivocó y por lo menos darle una nota parcial. Sea muy cuidadoso y pausado en sus cálculos, porque es muy fácil cometer errores. Cerciórese de que ha contestado todo lo que requiere el problema. Después de haber terminado, trace un cuadro alrededor del resultado para que sea más fácil localizarlo.

Desafortunadamente, las cosas no están libres de dificultades. Usted va a encontrar problemas que son extremadamente difíciles de resolver. Después de todo, ¿no es el propósito de los exámenes de problemas comprobar su ingenio? ¿Qué debe hacer en tales casos?

Si un problema es muy difícil de resolver, usted tiene que enfrentarlo de una manera distinta. Primero piense en problemas similares que se hayan explicado en clase o que haya resuelto antes en sus tareas y los métodos que se usaron para resolverlos. Muy a menudo, verá algúna vía que le ayudará a resolverlo más fácilmente. Recuerde que muchas veces hay más de una manera de resolver un problema, además de varias maneras equivocadas. Puede que tenga que atacar el problema desde distintos ángulos para obtener la respuesta correcta. Lo más importante es seguir trabajando en el problema, porque usted sabe que existe una respuesta correcta. Si solamente ha sido capaz de resolver una parte del problema, anótela; por lo menos obtendrá algunos puntos.

Exámenes con Libro Abierto

Algunos profesores prefieren exámenes con libro abierto, en los cuales se permite al estudiante usar materiales complementarios tales como apuntes, libros de texto, cuadros, esquemas o pequeñas notas personales. Algunos profesores limitan los materiales que permiten en el examen, mientras que otros permiten usar todo lo que se quiera. Los exámenes con libro abierto miden la habilidad del estudiante para organizar y presentar ideas, así como su habilidad para localizar la información necesaria para responder a las preguntas.

¿Por qué prefiere un profesor dar exámenes con libro abierto? Estos exámenes se usan a veces cuando hay una cantidad excesiva de material y que sería poco razonable esperar que el estudiante recuerde. También se usan en asignaturas donde se necesita mirar tablas o esquemas para contestar a las preguntas, tales como matemáticas y ciencias. Algunos profesores piensan que se debería permitir usar materiales suplementarios en cualquier examen, porque usted va a tener acceso a estos materiales cuando esté trabajando y tenga que resolver problemas.

Se debe reconocer claramente que el examen con libro abierto no le absuelve de la necesidad de estudiar o prepararse para el examen. Usted puede tener acceso a todos los materiales imaginables, pero le van a valer de poco si no sabe cómo usarlos. La situación es similar a lo que el autor francés Voltaire describió como "el bochorno de las riquezas." Puede tener tantos materiales que no sabe qué hacer con ellos. Por eso es importante leer sus libros y aprender a usar los esquemas, tablas y fórmulas antes del examen. Todos estos materiales tienen que serle muy conocidos si usted ha estudiado durante el semestre. Para estudiar para un examen con libro abierto, tiene que usar los mismos métodos que para los otros exámenes que se hacen en la clase, como explicaré en la Tercera Parte.

Si su profesor le permite usar pequeñas notas personales durante el examen, prepare una hoja bien organizada que contenga información esencial. Si trata de escribir todo lo imaginable, su resumen no le servirá de nada. Además, es tal vez imposible resumir en una hoja de papel todo el material del que puede tratar un examen. Usted puede encontrar útil usar sus pequeñas notas personales como un índice para señalar sitios relevantes en el libro o en sus apuntes de clase que contengan información sobre un tópico en particular.

Tiene que estar seguro de que sabe exactamente cuáles son los materiales que puede usar durante el examen. Sería muy desconcertante ir a la clase sin el libro necesario para el examen, o peor aún, darse cuenta que no puede usar el libro que estaba pensando usar. Si el profesor le permite usar estos materiales durante el examen, no sea orgulloso ni los desprecie porque se cree que lo sabe todo. Estos materiales son herramientas importantes que le ayudarán a hacer su tarea; y además, ¿por qué se va a poner en desventaja frente a sus compañeros?

Exámenes para Desarrollar en Casa

El examen para llevar a casa es esencialmente un examen a libro abierto donde el estudiante tendrá más tiempo y podrá hacerlo en su propio ambiente. La mayoría de los profesores dan por lo menos una semana para trabajar el examen y permiten usar cualquier material que desee. En vista que va a tener más tiempo, el profesor tiene que hacer el examen más difícil que los que se desarrollan en la clase, de lo contrario todo el mundo obtendría sobresaliente. A mí nunca me han gustado estos exámenes por su longitud y complejidad. Yo prefería exámenes en clase porque me dí cuenta que mi método de estudio me daba ventaja sobre los otros estudiantes y estos exámenes requerían menos tiempo y trabajo para completarlos que los exámenes para la casa. Afortunadamente para el estudiante, este tipo de exámenes han perdido algo de su popularidad. Algunos profesores también han llegado a la conclusión de que les lleva mucho más tiempo corregir los exámenes para la casa que los exámenes que se hacen en clase. ¿Por qué querría un profesor dar exámenes para la casa? Una razón es ayudar a cierta clase de estudiantes. Sófocles dijo: "Para el que tiene miedo todo cruje." Hay algunos estudiantes que tienen problemas psicológicos cuando tienen que rendir exámenes en la clase y nunca son capaces de demostrar lo que saben. Estos estudiantes se alteran con la sola idea de dar examen en la clase con tiempo limitado. El examen para la casa es para el profesor otra modalidad de medir las habilidades del estudiante. Estos exámenes también se usan ocasionalmente si el tema de la asignatura es muy complejo y extenso y hace falta tiempo y espacio adicional para que el profesor compruebe el conocimiento profundo que tiene el alumno.

Un error crucial que cometen los estudiantes a menudo es que ellos mismos no se dan suficiente tiempo para completar los exámenes en casa. Los van posponiendo hasta pocos días antes de tener que entregarlo y entonces les entra pánico. Usted debe tratar de empezar a trabajar en su examen en casa lo antes posible. Divida el tiempo que le dan entre el número de preguntas. Y desígnese usted mismo este tiempo para contestar cada una de las preguntas. Haga todo lo posible para seguir este plan y evite la tentación de ir posponiéndolo.

Como los exámenes en casa suelen ser muy complicados, usted va a tener que consultar, además de su libro de texto y sus apuntes de clase, otros libros para contestar a todas las preguntas. Esta es otra razón por la que debe empezar a trabajar en el examen tan pronto como sea posible. Las lecturas que le ha dado el profesor son una buena manera de empezar la investigación necesaria para contestar las preguntas del examen en casa. Ahora que usted ya sabe cómo leer un libro con eficiencia, puede revisar rápidamente estas fuentes para encontrar aquéllas que contienen información importante para contestar las preguntas. No se olvide que algunas de las respuestas pueden encontrarse en sus apuntes de clase.

Al escribir sus respuestas en el examen en casa debe usar básicamente los mismos principios para escribir explicados en el capítulo "Cómo escribir un trabajo de investigación final." Sin embargo, hay una diferencia clave. En el examen en casa usted tiene que hacer sus respuestas muy concisas y exactas; en cambio, los trabajos de investigación final tienen que reflejar una investigación extensa. Recuerde el principio de la "navaja de Ockham" cuando escriba sus respuestas. Ponga las respuestas en sus propias palabras, en lugar de copiar trozos de lo que ha leído. Finalmente es una buena idea escribir a máquina las respuestas si esto es posible. Su profesor le agradecerá que le simplifique su trabajo y puede que le recompense con una nota más alta.

Exámenes Orales

Los exámenes orales se dan a veces como un examen final antes de obtener un título de fin de carrera en un programa académico o en un programa de posgrado. Estos exámenes son como "ritos de iniciación" en las diferentes etapas de su carrera universitaria. La costumbre data de los tiempos medievales, antes de la invención de la imprenta, cuando los exámenes tenían que ser oralmente. A pesar de que hoy se dispone de la imprenta, esta costumbre ha sobrevivido principalmente porque las universidades consideran que las personas verdaderamente instruidas deben poseer también habilidades oratorias. Como Ben Johnson, el dramaturgo inglés del siglo XVII, dijo: "El hablar y la elocuencia no son lo mismo; hablar, y hablar bien, son dos cosas. Un tonto puede charlar, pero sólo un hombre sabio habla."

La forma típica de un examen oral es que el estudiante conteste preguntas acerca de un tema o defienda un trabajo delante de un comité de varios profesores. Por ejemplo, yo tuve que defender mi tesis doctoral delante de seis profesores y un decano, como parte de lo que requería para obtener mi título. Los exámenes orales que juzgan su conocimiento en una materia son mucho más extensos, a menudo requieren un conocimiento profundo de una especialidad o curriculum. Por la importancia que tienen estos exámenes para pasar a la siguiente etapa de su carrera, es imperativo que usted esté preparado.

Para estar preparado para su examen oral tiene que seguir ciertos pasos. Consulte con el profesor que lo asesora para que le ayude a prepararse para este examen. A él le interesa que usted tenga éxito porque esto aumenta su reputación de formar alumnos con éxito. Hable con él de antemano para obtener información sobre el examen y sobre cómo será esta experiencia. Pregunte sobre la reputación y la especialidad de los profesores en el comité y si tienen algunas teorías predilectas u obsesiones que usted debe conocer. Practique sus respuestas solo o con otros estudiantes. Si es posible vaya a la habitación donde se va a celebrar el examen con anterioridad y fíjese en los detalles de la misma, tales como dónde se sentará la gente y la temperatura, de tal modo que pueda seleccionar ropa confortable.

En otras palabras, revise todo por adelantado para evitar sorpresas cuando llegue el examen.

Los exámenes orales miden su habilidad para analizar e integrar información y para responder rápidamente de una manera organizada. Hay algunos consejos que le ayudarán a hacer esto más efectivamente. Siempre escuche muy cuidadosamente las preguntas que le hacen, para saber qué es lo que se le está pidiendo. Si no comprende completamente la pregunta, pida que se la aclaren. A la vez que le van haciendo la pregunta, debe empezar a pensar su respuesta, para que pueda contestar rápidamente de manera organizada. Mire directamente a los ojos del profesor cuando responda, hable en tono afirmativo y cerciórese de usar los términos técnicos apropiados y pronunciarlos correctamente, para demostrar que domina el material.

¿Qué haría si el profesor le hace una pregunta de la que no tiene conocimiento? Si usted no sabe inmediatamente la respuesta, es mejor decir algo, en lugar de estar sentado con una expresión vacía en la cara. Como Francis Bacon dijo: "El silencio es la virtud de los tontos." Hable de algo que usted sepa que esté relacionado con lo que le preguntaron y puede que una cadena de recuerdos le llevará a una respuesta correcta. Si se acuerda de la respuesta a una pregunta previa que no pudo contestar, menciónelo en un momento conveniente.

Lo más importante es darse cuenta que los exámenes orales son simplemente exámenes bajo otra forma un poco diferente. La mayor diferencia entre exámenes orales y escritos es que usted usa su boca en vez del lápiz y su mano para responder. Nadie está ahí para destruirle o evitar que consiga su objetivo. No hay nada en el examen oral que lo haga más desconcertante que otros. De hecho, los exámenes orales tienen ciertas ventajas sobre los exámenes escritos. Si usted no contesta adecuadamente, tiene la oportunidad de modificar y ampliar su respuesta. En general, tiene que usar los mismos métodos de estudio al prepararse para un examen oral que para cualquier otro, tal como está descrito en la Tercera Parte. Trate de estar calmado, mantenga su cabeza clara y véalo como una nueva experiencia.

Exámenes Escritos Integrales

El examen escrito integral es la versión escrita del examen oral, para comprobar su conocimiento sobre una especialidad completa o un curriculum. Muchos departamentos en la universidad requieren exámenes escritos integrales al final de un programa de estudio para asegurar que el estudiante ha llegado a cierto nivel de dominio de la materia. Esto es mucho más común en programas de posgrado que en los programas anteriores. Por ejemplo, yo no tuve ningún examen de esta clase durante la carrera, pero tuve que hacer un examen escrito integral de cuatro días en Economía como parte de los requisitos para obtener el doctorado. Pese a que Virgilio advirtió que "nosotros no somos capaces de todo," el examen escrito integral es una situación donde se espera que usted lo sepa todo.

Este tipo de examen puede ser muy complicado. Yo tuve uno en el que fallé en varias preguntas y otro en el que contesté de una manera correcta prácticamente todas las preguntas. El segundo examen escrito integral era una extensión de lo que se había tratado en el primero, lo que indica que yo había dominado realmente el material requerido en el primer examen. Es difícil de predecir exactamente lo que va a pasar al rendir estos exámenes.

Quizá el aspecto más importante del examen escrito integral es la persona (o personas) que diseña el examen. Si la *única* persona que lo ha diseñado ha sido el profesor que tuvo usted durante el curso, entonces tiene suerte. En este caso puede usar los métodos regulares para prepararse para el examen que describiré en la Tercera Parte. Por otra parte, si hay varias personas diseñando el examen, usted va a tener que hacer trabajo extra. Distintos profesores ponen énfasis en distintos aspectos de la clase, incluso en el mismo campo y a veces usan otros libros y artículos. En este caso, lo mejor que puede hacer es hablar con los otros profesores, para enterarse de lo que ellos han tratado en sus clases. Puede que estén dispuestos a darle una lista de libros para leer, sus notas de la clase u otros materiales importantes.

Al prepararse para un examen escrito integral usted debe tratar de "mirar al bosque antes de inspeccionar los árboles." Haga un esfuerzo para enterarse de los temas centrales que se han visto en cada curso. No es necesario volver a leer todo extensamente buscando detalles; esto puede incluso interferir con su habilidad para integrar la información. Después que haya identificado los temas centrales, puede completarlos con información adicional. Desarrolle un punto de vista propio y piense qué clase de preguntas pueden hacer sobre estos temas y cómo las contestaría.

Puede ser buena idea revisar exámenes pasados, para

darse cuenta de su naturaleza y su extensión. Muchos departamentos de la universidad tienen copias de exámenes antiguos en la biblioteca como material de referencia. Usted debe pensar de qué manera contestaría a estas preguntas, pero no anote sus respuestas, porque raramente se repiten las preguntas.

Lo más importante de los exámenes escritos integrales es que va a tener que hacer un esfuerzo extra para estar seguro que no hay lagunas en su conocimiento. En la mayoría de los casos esto no es un problema, porque usted tendrá normalmente varios meses para prepararse para éstos. El familiar consejo de evitar posponer sus estudios también se aplica en este caso.

Bien, ya casi completamos las estrategias para las distintas clases de exámenes.

En este capítulo hay un asunto más que necesitamos cubrir. De la misma manera que hay principios básicos a seguir antes de dar un examen, hay otros principios básicos a seguir durante el exámen mismo. Estoy seguro de que usted ha oído estas advertencias miles de veces, pero se dejan de lado casi con la misma frecuencia. ¡Léalas cuidadosamente!

Principios Básicos Durante el Examen

Escriba claramente. Usted puede incrementar la probabilidad de salir bien en un examen escribiendo sus respuestas de una manera clara. Haga el esfuerzo de escribir nítidamente y organice sus respuestas con el mayor cuidado posible. Es mucho más fácil que su profesor entienda su respuesta si escribe con buena letra y sigue las reglas de buena gramática, ortografía, construcción de oraciones y desarrollo del tema. Como George Orwell, el autor inglés, dijo: "La buena prosa es como el vidrio en una ventana." Esto es irrelevante si se trata de un examen objetivo. Pero en la mayoría de las universidades los exámenes tienden a tener preguntas tipo ensayo. Yo me encuentro más cómodo usando un lápiz—en lugar de una pluma (o bolígrafo)—porque puedo volver y borrar algo si he cambiado de parecer, lo cual pasa casi siempre.

Póngase usted en el lugar de su profesor. Probablemente hay muchas otras cosas que preferiría hacer en lugar de corregir un número tremendo de exámenes. En la mayoría de los casos es como ver varias veces una película mediocre. Dado que corregir exámenes es una tarea desagradable que forma parte de ser profesor, es beneficioso para usted esforzarse algo para que sus respuestas se puedan leer fácilmente.

Puedo recordar una ocasión cuando el profesor me dijo que me había dado cinco puntos extra en la nota de mi examen, porque mis respuestas estaban escritas muy nítidamente. Aunque pocos profesores estarían dispuestos a admitir esto abiertamente, creo que el mismo fenómeno ocurre con la mayoría de los profesores, aunque puede que sea a nivel subconsciente.

Recuerde: si usted contesta a las preguntas del examen de una manera descuidada, dará la impresión de que no sabe la respuesta completa. Contrariamente a lo que algunos estudiantes piensan, los profesores no van a pasar por alto que su letra sea ilegible. Lo más probable es que el profesor perderá el hilo de su respuesta si ésta es ilegible. Aunque escribir claramente requiere más esfuerzo y cuidado, tiene su recompensa. Como Tito Marcio Plauto, el dramaturgo romano, dijo: "Escribidlo con mano firme y buena."

Revise sus respuestas. Si usted termina de contestar las preguntas de un examen antes de tiempo, vuelva y revise sus respuestas. Es muy fácil cometer errores sin darse cuenta cuando escribe rápidamente. Incluso si ha tratado de tener cuidado, sus composiciones pueden tener errores de gramática, faltas de ortografía, párrafos mal construidos, escritura ilegible, etc. En un examen objetivo pueden asimismo cometerse errores en las letras o los números que se marcan. En un examen de problemas puede haber hecho un cálculo erróneo o equivocar su lógica. Puede descubrir muchos de estos errores usando el tiempo que le queda para revisar cuidadosamente sus respuestas. Como el dramaturgo griego, Eurípides, dijo: "Tal parece que en este mundo las segundas ideas son las mejores."

A medida que lee de nuevo su respuesta en un examen tipo ensayo, pregúntese si realmente ha contestado bien. Complemente su respuesta con otras ideas que vengan a su mente durante su revisión. Se dará cuenta que a veces es capaz de encontrar información adicional o ideas nuevas si vuelve a su respuesta después de un algún rato. Asegúrese de haber usado frases completas y que sus ideas estén expresadas claramente. Esto le ayudará a mejorar su respuesta y aumentará su nota.

En casi todos los exámenes que yo he rendido, algunos estudiantes, invariablemente, terminan antes de tiempo y entregan su papel antes de que se lo pidan. O saben muy poco y no pudieron terminar el examen; o estaban muy seguros de sí mismos y creyeron que sabían demasiado. Quizá estaban tratando de impresionar al profesor o a otros estudiantes por lo mucho que sabían. ¡Pero luego se les oía renegar en el pasillo (o antes de la siguiente clase) por las cosas que sabían muy bien pero que olvidaron escribir en el papel!

No es inteligente usar menos tiempo del que se permite para un examen. Cualquier producto se puede mejorar trabajando más y un examen no es excepción. No entregue su examen hasta que le digan que salga de la clase.

Nunca copie. No tendría que mencionar esto siquiera, pero lo voy a hacer porque es algo que se viola siempre. Algunos estudiantes usan pequeñas notas personales durante un examen a libro cerrado; otros tratan de leer las respuestas de los exámenes de sus compañeros. El copiar no es un acto inteligente porque (a) le pueden coger; y (b) usted está asumiendo implícitamente que otra persona puede responder mejor que usted. Si ha adoptado mi sistema, probablemente sabe tanto como cualquiera en la clase, así que tenga cónfianza en sí mismo. Si no está convencido todavía, piense en las consecuencias si le cogen copiando. Además de ser un bochorno, puede ser suspendido del examen o del curso; o incluso ser expulsado (si la universidad tiene reglas severas).

Por último, incluso si usted tiene suerte al copiar, no tendría la satisfacción del triunfo, porque no se ganó la nota limpiamente.

Bien, esto concluye un capítulo bastante extenso sobre "Cómo Dar un Examen." Si usted ha entendido todo lo que yo he presentado, ahora cuenta con el conocimiento necesario para ser un estudiante inteligente frente a un examen; pero se requiere más. Para llegar a ser un estudiante inteligente ante un examen, tiene que practicar estos principios. Como Publilo Siro, el filósofo romano, dijo hace dos mil años: "La práctica es la mejor de todas las maestras."

PRINCIPIO 2
Un estudiante inteligente frente a un examen maneja los métodos para dar los distintos tipos de exámenes y los practica continuamente.

3
COMO REDACTAR UN INFORME DE INVESTIGACION AL FINAL DEL CURSO

Ahora que usted ya sabe algo sobre el arte de leer y pensar, vamos a concentrarnos en el arte de escribir.

Como forma de comunicación, escribir es tan esencial en nuestra sociedad como hablar. Nuestras actividades diarias requieren escribir algo, ya sea una carta a un amigo, una nota a un familiar, la tarea escolar, o un memorándum de trabajo. La comunicación en los negocios es mayormente por escrito que verbal, para así mantener un registro permanente de cada transacción.

Piense por un momento. ¿Puede recordar un día en su vida en que no haya escrito algo? Probablemente no.

Escribir es la forma más importante de comunicación que usted va a tener con los profesores en la universidad. Es la manera más importante de comunicación, no solamente para cursos de Composición o Literatura Inglesa, sino en todas sus otras asignaturas. Su nota en una asignatura depende principalmente de lo que usted escribe en los exámenes. Además, en muchas asignaturas se requieren tareas escritas tales como ensayos, trabajo de investigación, temas, reseñas de libros y trabajos de investigación de final de curso. Junto con la lectura, escribir ocupará más su tiempo como estudiante que ninguna otra actividad.

A pesar de la importancia que tiene, escribir es una habilidad que la mayor parte de la gente no desarrolla bien. Muchas personas ya trabajando carecen de la habilidad de escribir bien y esto es uno de sus mayores obstáculos para ascender de categoría en su trabajo. Muchos estudiantes de universidad adoptan una actitud negativa en lo que respecta a escribir, porque les es difícil. Para algunos escribir ha sido siempre un problema, porque nunca aprendieron los principios básicos de composición en la enseñanza elemental y secundaria. En efecto, mucha gente se ha dado por vencida y piensa que simplemente no pueden escribir bien.

De todas las tareas escolares por escrito, el informe de investigación al final del curso es la más importante y con la que los estudiantes tienen más dificultad. Un trabajo de investigación de final de curso largo puede representar la tercera parte o más de su nota final. Probablemente usted ha conocido muchos estudiantes, quizás usted mismo, que han evitado matricularse en una asignatura simplemente porque se requería esta clase de trabajo. Yo también lo he hecho. A muchos estudiantes no les gusta redactar un informe de investigación, porque requiere muchísimo trabajo y mucho tiempo para terminarlo; tiempo que se podría usar para estudiar otras asignaturas o prepararse para los exámenes. Y aunque el estudiante haya puesto tiempo y esfuerzo en redactar el trabajo, no hay garantía de que obtendrá buena nota. Como Aldous Huxley, el crítico inglés dijo: "Cuesta tanto trabajo escribir un libro malo, como uno bueno; los dos brotan con la misma sinceridad del alma del autor."

¿Por qué hacen los profesores que los estudiantes pasen por la dificultad de redactar un informe de investigación? ¿Lo hacen como un castigo? No, pensar así no es justo.

Su profesor sabe que al redactar un informe de investigación usted va a desarrollar habilidades que va a necesitar después en su vida, cualquiera que vaya a ser su profesión. Redactar un informe de investigación requiere que usted estudie un tema particular en detalle. Tiene que demostrar que sabe usar los métodos de investigación apropiados para desarrollar este tema. También tiene que saber cómo usar todo lo que existe a su disposición en la biblioteca para reunir la información en relación con su tema. A continuación tiene que organizar y resumir esta información. Finalmente, todo lo que ha encontrado tiene que presentarlo en un trabajo hecho cuidadosamente y bien escrito. Estos son los pasos básicos por los que tiene que pasar cualquier persona erudita que vaya a escribir un libro o un artículo; y también tiene que pasar por ellos el investigador de cualquier especialidad que quiera conocer a fondo un tema.

Otra razón por la que algunos profesores asignan informes de investigación por escrito es medir de otra manera las habilidades del estudiante. En vista de que muchos estudiantes no demuestran bien su conocimiento en los exámenes en clase, limitados por el tiempo, el informe de investigación por escrito les da la oportunidad de demostrar sus capacidades de manera diferente.

Muy bien, supongamos que usted tiene que redactar un informe o trabajo de investigación para una de sus clases. ¿Cómo lo hace?

Seleccione un tema. La primera tarea es seleccionar un tema. Ya que usted va a necesitar mucho tiempo y esfuerzo para hacer este informe debe elegir un tema en el que usted esté claramente interesado. Su selección puede ser un tema en el cual haya estado interesado siempre; o puede ser algo que haya despertado su interés cuando se explicó en clase. Si el profesor le ha asignado

un tema específico, entonces usted no tiene más remedio. Sin embargo, algunos profesores permiten que los
estudiantes tengan cierta libertad.

Trate de limitar su tema a algo bastante específico, porque puede ser difícil de manejar si es demasiado amplio.
Evite temas controvertidos, no bien definidos o muy
generales, porque es imposible manejarlos, ya que usted
tiene limitaciones de tiempo y extensión. Si tiene dificultades en delimitar su tema al principio (lo que es corriente), empiece seleccionando un tópico general pero
vaya delimitándolo a medida que lo va trabajando.

Seleccionar un buen tema tiene una importancia especial cuando se redacta una tesis en los estudios de posgrado, ya sea de maestría o doctorado. Considerando la
cantidad de trabajo que se requiere, usted debe seleccionar un tema en el cual esté verdaderamente interesado y con el que haya la posibilidad de hacer alguna
contribución en esa especialidad. Tiene que sentir que su
tema es bastante importante para hacer una contribución; si no tiene esa sensación, entonces elija otro tema.

Desarrolle preguntas importantes. George Moore, el
filósofo inglés, dijo: "Me parece . . . que las dificultades y
los desacuerdos se deben a una simple causa: tratar de
responder preguntas sin haber descubierto primero qué
pregunta es exactamente la que se quiere contestar."

Debe tratar de desarrollar las preguntas específicas y
descubrir los puntos relevantes a los que se quiera referir
en su trabajo. Escriba todo esto en un papel. Puede parecer muy amplio al principio, pero por lo menos le va a
servir para empezar a organizar sus ideas a medida que
continúa su investigación.

Lleve adelante su investigación. Ahora que conoce las
preguntas y los puntos más importantes, ¿qué hace para
seguir con su investigación?

Su profesor es una fuente principal de información
para definir las lecturas claves para empezar con este
trabajo. Posiblemente, algunos de los libros estarán
incluidos en la bibliografía de su asignatura. Si necesita

fuentes adicionales, pídale a su profesor que le reco-
miende otros libros y artículos que tengan relación con
su tema. Cada una de estas fuentes contendrá una bibliografía que le proporcionará lecturas adicionales.

Debe usar también los recursos que le ofrece la biblioteca para obtener referencias adicionales. A medida
que busca los libros y artículos que le interesan, puede
localizar otros que parezcan importantes para su tema.
Un método más eficiente para localizar referencias es
usar el sistema bibliográfico computarizado, si es que
existe en su biblioteca. Con unas pocas claves, estos sistemas pueden localizar artículos y libros adicionales, no
sólo en su biblioteca, sino también en otras. Muchos de
estos sistemas le proporcionan un resumen impreso del
contenido del libro o del artículo. Esto le ayudará a determinar si el libro o el artículo es importante para su tema.
En general, debe planear usar todo lo que pueda encontrar en la biblioteca, libros, artículos, enciclopedias,
libros de referencia y las personas que trabajen allí,
cuando sea necesario. Como Samuel Johnson dijo: "Un
hombre revolverá la mitad de una biblioteca antes de
escribir un libro."

Al revisar estas fuentes de información use los métodos descritos en el capítulo anterior, "Cómo Leer un
Libro," para determinar si son importantes o no para su
tema. Revisando el índice, los resúmenes y los títulos de
cada sección del libro, no debería tomarle más de cinco
minutos tomar esa decisión.

Si encuentra algo importante para su tema, tome notas
muy cuidadosamente a medida que vaya leyendo. El
objectivo es apuntar información relevante, no todo lo
que lea. Como William James dijo: "El arte de ser inteligente es el arte de saber lo que se debe pasar por alto." Si
lee algo que quiere usar literalmente póngalo entre com-
illas y revise lo que ha anotado, para estar seguro de que
es correcto. Algunas personas toman apuntes de los
libros que están leyendo literalmente y, más tarde,
cuando están redactando su informe, expresan estas mis-

mas ideas con sus propias palabras. Yo prefiero expresar las ideas del autor con mis propias palabras al momento de tomar mis notas, porque de esta manera la información tiene más significado para mí. Esto me evita la tarea de tenerlos que interpretar luego, cuando quizá no sean tan claros. Cuando utilice las ideas de un autor, literalmente o no, tiene que estar al tanto de las referencias y de las citas. Asegúrese de apuntar bien la información bibliográfica, tales como título del libro, nombre del autor, casa editorial, lugar y fecha de publicación y el número de página. Es agotador y aburrido tener que buscar estos detalles más adelante.

Cada cual tiene su propio sistema para recolectar información durante esta fase de la investigación. Algunas personas apelan a sistemas muy detallados de fichas y usan las de tamaño $3'' \times 5''$ para información bibliográfica y otras más grandes para tomar notas. Otros, como yo, apuntan la información en cuadernos corrientes. No importa el sistema que use, lo importante es que el sistema sea bueno para usted y lo use sistemáticamente. Pero es importante que tenga en cuenta la siguiente recomendación. Escriba solamente una cara del papel, porque es más fácil ver lo que usted tiene al extender sus notas sobre la mesa. Puede ser complicado y muy entreverado si se escribe por ambas caras.

Es necesario leer extensamente varias fuentes de información y hacer una síntesis de éstas, para poder ser capaz de generar ideas novedosas. Una buena investigación consiste no sólo en demostrar que conoce lo que otros han demostrado ya, sino tratar de aportar algo nuevo.

Es mas fácil decirlo que hacerlo, ¿verdad? Sí, es verdad, pero por lo menos puede crear un ambiente que le anime a pensar de manera creativa.

Pensar creativamente requiere varias etapas. La primera etapa es reconocer la pregunta lo más claramente posible, cosa que usted ha hecho ya. La etapa siguiente es acumular el mayor cúmulo de conocimientos que pueda sobre tal asunto; ¡métase de lleno en él! Esto es esencial cuando lea todo lo que puede encontrar sobre el tema de su informe de investigación. La siguiente etapa es dejar el tema por poco tiempo, y que incube en su subconsciente. Conscientemente no estará pensando en el tema, pero su subconsciente está funcionando, encontrando nuevos enfoques y soluciones. Algún día, cuando menos lo espere, algo ingenioso aparecerá en su cabeza; esto es producto del proceso creativo. Todo lo que tiene que hacer ahora es compararlo con la pregunta que se hizo durante la primera etapa y ver si la solución es buena.

Asegúrese de que toma nota de estas pequeñas joyas de sabiduría, porque a menudo desaparecen tan rápido como surgieron.

A medida que avance en su investigación, las preguntas originales pueden haber cambiado o, por lo menos, hacerse más específicas. Esto es completamente natural, porque es imposible hacer preguntas específicas antes de llevar a cabo su investigación. La próxima etapa es empezar a estructurar de alguna manera la cantidad inmensa de material que ha recopilado.

Desarrolle un esquema. Un esquema le ayudará a ordenar sus ideas y desarrollar la base para escribir un buen trabajo. Como el político inglés Edmund Burke dijo, "El buen orden es la base para toda cosa buena."

A medida que usted condujo su investigación indudablemente ha notado que la información está clasificada de manera lógica. Ya sea que este orden sea cronológico, geográfico, numérico, orden de importancia o por su complejidad, usted podrá apreciar esta información más claramente si está organizada en un esquema.

Todos hemos aprendido a hacer esquemas en los primeros años escolares. El título de su trabajo, deberá aparecer encabezando su esquema. Las temas mayores se designarán con números romanos, y los subtemas con letras mayúsculas, con cierto margen que indique que están bajo los anteriores. Para sucesivas subdivisiones de cada subtema se usarán números arábigos, letras minúsculas y así sucesivamente, teniendo cuidado de dejar un margen que indique su categoría. Cuando se organiza de esta manera, tal esquema sirve como un plano que guía la estructura y el patrón de sus ideas. Le servirá para ver claramente como está distribuido el material, determinar el equilibrio entre temas mayores y menores, descubrir repeticiones y contradicciones, y facilitar el desarrollo y la expresión de nuevas ideas.

Después de haber hecho este esquema (lo que a veces toma tiempo), clasifique las notas de sus lecturas con las partes específicas del esquema. En otras palabras, anote el número o la letra del tema correspondiente de su esquema en las páginas de su notas. Esto es un vehículo para relacionar toda su información. Ahora está usted preparado para la siguiente etapa.

Redacte su primer borrador. ¿Cómo se empieza a escribir? He aquí un consejo de Samuel Eliot Morison, el historiador norteamericano: "Unos pocos consejos sobre técnica literaria de utilidad para historiadores principiantes: primero y sobre todo, *¡empiece a escribir!"*

Así es. Siéntese ante su escritorio o máquina de escribir, saque su esquema y sus notas, tome papel y empiece a escribir.

El principio, o introducción, es importante porque es donde expondrá su tema principal y tratará de animar al lector a continuar leyendo. Debe evitar introducciones muy largas porque, si ha logrado despertar el interés del lector, éste estará ansioso por meterse de lleno en lo que usted ha escrito.

Que la introducción sea breve no quiere decir que sea fácil escribirla. Como el filósofo francés Blas Pascal dijo: "Lo último que uno sabe cómo hacer en un trabajo es qué poner al principio." Es muy difícil escribir algo al principio que contenga todos los requisitos de una buena introducción. Algunos autores le recomendaran que redacte la introducción al último, después de saber cómo resultó el informe. Sin embargo, yo le recomendaría escribir algo al principio, aunque tenga que cambiarlo

varias veces. Esto por lo menos le dará tiempo para ensayar la introducción de distintas maneras.

Para escribir la parte central (o el cuerpo de su
informe) todo lo que tiene que hacer es completar su
esquema con sus notas. Los temas mayores del esquema
van a ser los capítulos o títulos en el trabajo. Los subtemas
del esquema, los subcapítulos o subtítulos. Las notas de
cuanto ha leído van a constituir el cuerpo de su informe
bajo cada uno de estos títulos. Asegúrese de que tanto
títulos como subtítulos reflejen el orden de importancia.

Este no es el lugar para revisar los fundamentos de
cómo escribir bien: para eso se toman cursos de redacción en secundaria y en la universidad. Sin embargo, a
continuación algunos puntos importantes. Según va
redactando su informe recuerde los fundamentos de
cómo construir buenos párrafos. La primera o segunda
frase, conocida como la frase temática, debe expresar la
idea principal del párrafo. Las frases adicionales deben
sustentar tal idea con el uso de hechos, ejemplos, estadísticas, etc. Su lector estará buscando alguna evidencia
concreta que sustente aquello que usted ha establecido.
Sus párrafos deben estar presentados de manera lógica
al desarrollar su tema. Recuerde incluir un puente entre
los párrafos, para que haya conexión fluida entre ellos.
Además, varíe la extensión tanto de los párrafos como de
las frases dentro de los mismos, para que su escritura no
sea monótona.

Para más detalles sobre los fundamentos de la buena
redacción, le recomiendo sus libros de texto de gramática y composición.

Por último, al final de su informe tendrá que tener una
conclusión que resuma sus más importantes descubrimientos. Refiérase a la introducción y conteste toda pregunta importante que allí se hizo. La conclusión debe
arrojar más luz sobre sus hallazgos y señalar la necesidad
y el rumbo de una investigación más a fondo en el futuro.
La conclusión contendrá la idea final que usted desea
dejar a su lector.

Trate de redactar el primer borrador de su trabajo lo mejor posible, para reducir el número de revisiones. Observe los mecanismos apropiados de redacción en la construcción de párrafos, oraciones y ortografía. Haga las citas en los sitios apropiados. Puede descubrir que escribir a una velocidad relativamente rápida producirá una versión más uniforme y más cercana al producto final. Si en el proceso de escribir encuentra una manera mejor de expresar sus ideas, modifique su esquema las veces que sea necesario.

Después de terminar su primer borrador, déjelo de lado por un rato. En este lapso de tiempo usualmente surgen nuevas ideas o enfoques que le ayudarán a mejorar su presentación. Ya está preparado para la siguiente etapa.

Redacte su versión final. ¿Qué cosa? ¿Otra versión? ¡Y usted que pensó que había terminado! Aunque su primera versión puede haber parecido bastante buena al principio, indudablemente encontrará muchas faltas después de una inspección cuidadosa más adelante. Incluso escritores de éxito encuentran a veces difícil escribir prosa sin faltas. Dale Carnegie, autor de uno de los libros más populares que se ha escrito, solía decir: "Más fácil resulta ganar un millón de dólares que escribir una frase en inglés." Y el señor Carnegie tenía que saber lo que decía porque vendió millones de ejemplares de su libro, *Cómo Hacer. Amigos e Influir en la Gente*, y ganó millones de dólares con éste, además de añadir un dicho a nuestro acervo.

Aunque a muchos escritores les molesta la tarea de volver a redactar otra versión, en esta fase puede radicar la diferencia entre un trabajo hecho a medias y un trabajo bien hecho. Es similar al proceso por el que pasa un artista para pintar un cuadro. El artista primero aplica un capa de pintura en la cual van a ir las formas básicas, como montañas y ríos en un paisaje. Aunque es posible reconocer estas formas en esta etapa, sabemos que el cuadro está muy lejos de estar concluido. La segunda capa de pintura empieza a llenar los detalles y el proceso se va repitiendo hasta que la pintura tiene el efecto deseado por el artista.

Igual que con el cuadro, puede que usted tenga tal vez que redactar su informe varias veces hasta que esté satisfecho con el resultado. Durante este proceso irá quitando cosas innecesarias, afilará sus oraciones, mejorará la fluidez de sus ideas y refinará la introducción y la conclusión, entre otras cosas. Si usted enfrenta esta fase con seriedad, usará más su goma de borrar que su lápiz. Si es necesario, tiene que estar dispuesto a redactar de nuevo secciones enteras del texto para producir el efecto deseado. Así es, destruya la versión anterior y redacte una nueva si es necesario. ¿Por qué hacer semejante esfuerzo? Samuel Johnson dio una buena razón hace más de doscientos años: "Aquéllo escrito sin esfuerzo es leído por lo general sin placer."

Siga las reglas de estilo básicas. Aunque haya escrito un análisis brillante, su trabajo de investigación será menos efectivo si no sigue las reglas básicas de estilo. Redacte su manuscrito en papel blanco de tamaño normal (8½″ por 11″) solamente por una cara y mantenga los márgenes adecuados en los cuatro lados de la página. Use las reglas apropiadas para poner las citas y las referencias y siga estas mismas reglas consistentemente a lo largo de su redacción. La librería de su universidad debe tener varios manuales de estilo que describen estas reglas. El manual de Kate L. Turabian, *Student's Guide for Writing College Papers*, anotado en mi bibliografía, es considerado como uno de los mejores.

Algunos profesores tienen sus propias reglas para los informes finales de investigación. Si éste es el caso de su profesor asegúrese de seguir sus reglas. Si le ha dicho que ponga las notas aclaratorias en la parte inferior de cada hoja en lugar del final del trabajo, hágalo. Estas son pequeñas concesiones de su parte y pueden tener un efecto significativo en su nota.

Empiece su informe de investigación con anticipación. A

estas alturas debe tener claro que necesitará empezar a trabajar tan pronto como sea posible, para poder terminar todas las etapas que he esquematizado. No hay reglas fijas y fáciles sobre la cantidad de tiempo que se debe dedicar a cada etapa. Como regla general, yo sugiero que pase aproximadamente la mitad del tiempo a su disposición seleccionando un tema, desarrollando preguntas importantes e investigando las distintas fuentes mencionadas. Emplee la segunda parte de su tiempo desarrollando un esquema, escribiendo su primera versión y redactando una versión final. Si no empieza a trabajar en la primera etapa, inmediatamente después de que se le haya asignado su informe de investigación, entonces dispondrá de menos tiempo para completar las otras etapas. Necesitará todo el tiempo del que pueda disponer para pensar creativamente, encontrar nuevas ideas y escribir finalmente su trabajo de una manera pulida.

Los estudiantes tienen la terrible tendencia a ir posponiendo los informes de investigación. Lo sé porque yo era uno de los peores en esto. Muchos lo postergan para el final del semestre, cuando debían estar estudiando para los exámenes. Luego les falta el tiempo y, como consecuencia, encuentran esta experiencia como algo terrible.

Yo he conocido muchos estudiantes que han tenido que dejar una asignatura "incompleta" porque fueron incapaces de terminar su informe de investigación antes del final del semestre. La tarea no es más fácil o agradable antes ni después.

No caiga en esta trampa. Y no diga que tiene "bloqueo de escritor." Si usted se sienta delante de su escritorio y empieza a escribir, por lo menos tendrá algo en el papel. Como Samuel Johnson dijo: "Un hombre puede escribir en cualquier momento si se propone hacerlo."

Si empieza a redactar su trabajo de investigación lo suficientemente temprano encontrará que la experiencia es bastante agradable. Causa gran satisfacción aumentar su conocimiento sobre una materia, desarrollar nuevas ideas que aumentan su conocimiento y poder expresarlos en sus propias palabras. Escuche el consejo de H. L. Mencken, el gran periodista norteamericano, sobre el placer de escribir: "Para quien tiene oído para las exquisiteces verbales, quien busca dolorosamente la palabra perfecta y pone la manera de decir una cosa por encima de la cosa dicha, en la escritura encontrará el goce constante del descubrimiento repentino y el accidente feliz."

Recuerde: aunque requiera mucho tiempo redactar un informe de investigación excelente, es una buena inversión que le beneficiará más tarde. Como observó Ralph Waldo Emerson: "Lo que es excelente permanece."

PRINCIPIO 3
Para redactar un informe de investigación al final del curso, seleccione un tema, desarrolle preguntas importantes, lleve adelante su investigación, desarrolle un esquema; y después escriba y vuelva a escribir tantas veces como sea necesario.
¡Empiece lo antes posible!

RESUMEN

PARTE SEGUNDA
APRENDIENDO LAS TECNICAS
BASICAS

PRINCIPIO 1
Un lector activo revisa un libro antes de leerlo y continuamente se hace preguntas que le llevan a un entendimiento cabal del mensaje del autor.

PRINCIPIO 2
Un estudiante inteligente frente a un examen, maneja los métodos para dar los distintos tipos de exámenes y los practica continuamente.

PRINCIPIO 3
Para redactar un informe del investigación de final de curso, seleccione un tema, desarrolle preguntas importantes, lleve adelante su investigación, desarrolle un esquema; y después escriba y vuelva a escribir tantas veces como sea necesario. ¡Empiece lo antes posible!

Un Sistema para Sacar Notas Altas

REVISION DEL SISTEMA

Por lo menos desde el tiempo de los griegos de la antigüedad se ha puesto énfasis en el valor de la educación y hay muchas guías de estudios disponibles. Siendo así, ¿cómo es posible que yo haya sido capaz de desarrollar un nuevo sistema de estudio? Los inventos no son siempre el descubrimiento de algo nuevo, sino que frecuentemente son una combinación de cosas de data antigua. Como dijo Samuel Johnson: "Lo novedoso se vuelve familiar y lo familiar se vuelva novedoso." Usted indudablemente reconocerá muchas de las diez etapas incluidas en mi sistema como consejos que ya había oído antes. Lo especial es la manera en que están combinadas en un sistema integral, para enseñarle de modo preciso lo que hay que hacer para ser un estudiante sobresaliente.

Marco Aurelio dijo alguna vez: "Busca la esencia de las cosas, ya sea un punto de doctrina, de práctica o de interpretación." Bien, la esencia de mi sistema es muy simple: *Los profesores sólo prueban el rendimiento de sus estudiantes en las materias cubiertas explícitamente en clase o grupos de discusión.* Yo he comprobado que este principio es siempre cierto, no importa quién sea el profesor o la disciplina que se estudie. Es como si fuera una regla ética entre los profesores. Piensan que es injusto hacer preguntas a los estudiantes sobre materias que no se hayan tocado en clase. Aunque otras guías de estudio aparentemente reconocen este principio básico, no lo explican detalladamente.

¿Por qué siguen los profesores este principio? Piénselo por un momento. Todo profesor quiere dejar en cada estudiante su huella personal. Ellos creen, como dijo Henry Adams, que "un profesor afecta la eternidad; y nunca podrá adivinar hasta dónde llega su influencia."

Su profesor se ha pasado gran parte de la vida estudiando los conceptos y principios de una disciplina. Ha pasado años de estudio e investigación trabajando intensamente sobre estos conceptos y principios para articularlos en una forma que, en su propia mente, capta la esencia del tema u objeto. Los profesores traen a la clase amplios y profundos conocimientos. Ellos usan la clase para describir técnicas y enfoques que ellos creen son más útiles para entender una materia. El contenido de una clase refleja no solamente una manera más de entender dicha materia, sino la mejor manera de entenderla, según lo ve su profesor. ¡Después de haber estudiado una materia por tanto tiempo, él cree saber cuál es la mejor manera! Si usted comprende todo lo que se enseña en clase, su profesor quedará impresionado de que usted haya llegado a dominar en un semestre lo que le ha tomado una vida entera dominar. Eso siempre le ayudará a salir sobresaliente en el curso.

En este momento algunos lectores probablemente pensarán que dicha premisa básica es errónea porque ellos asegurarían que se les ha tomado pruebas sobre cosas que no se han tocado en clase. Aunque esto puede suceder, es algo muy raro; los profesores que piensan incluir en el examen material no explicado específicamente en clase suelen avisar sus intenciones de antemano. Lo que ocurre con frecuencia es que sí se tocó el tema en clase, pero el estudiante no lo oyó o no lo entendió. Estudios científicos demuestran que los seres humanos no somos buenos oyentes. Retenemos sólo una pequeña fracción del material que se nos presenta.

Me acuerdo que en una ocasión pensé que un profesor me tomó una prueba sobre algo no explicado en clase. Pero al revisar mis apuntes y discutirlo con otros compañeros, descubrí que, efectivamente, el material del examen se había explicado en clase.

Si usted acepta mi premisa, entonces yo le puedo demostrar un sistema sencillo e integral que le permitirá digerir y dominar casi todo el material presentado en clase. Como ahora usted es un lector activo, seguramente ya se habrá dado cuenta de que mi sistema cubre todo, desde cómo seleccionar una asignatura, a cómo obtener una A en ese curso. He aplicado este sistema en diferentes materias en mis cursos universitarios, en cursos de posgrado y en clases que requieren lecturas numerosas o limitadas. ¡Yo le puedo asegurar que mi sistema funciona! Voy a presentar mi sistema en diez pasos, muy sencillos de seguir, para que usted los pueda recordar fácilmente o se pueda referir a ellos más adentante y revisarlos.

1

HAGASE UN PLAN DE ESTUDIOS

En uno de sus trabajos, W. S. Gilbert, poeta inglés, escribió,

Cuando empecé a trabajar de abogado siendo joven,
(Me dije a mí mismo, me dije),
Trabajaré en un plan nuevo y original
(Me dije a mí mismo, me dije).

Cuando ingrese a la universidad, usted tiene que trabajar en un "plan nuevo y original" para sus estudios.

Lo primero que usted debe hacer al entrar en la universidad es decidir en qué se quiere especializar. Algunas personas parecen saber desde edad muy temprana la rama en que quieren especializarse. Otros, como yo, conocen en general la materia que quieren estudiar, pero al principio están indecisos sobre la rama de especialización. Muchas personas cambian su especialidad varias veces durante su estancia en la universidad. Esto puede ser costoso, porque las ramas de especialización tienen distintos requisitos para ingresar y usted puede prolongar innecesariamente su paso por la universidad.

Si está indeciso, yo le puedo dar algunos consejos útiles.

El factor más importante es escoger una rama de estudios que le permita conseguir un trabajo deseable. En mi opinión, los trabajos más deseables son aquéllos que son más agradables y que además pagan bien. Estamos de acuerdo en que el sueldo es un factor común a todos, pero aquéllo que nos causa placer varía de individuo a individuo. Como dijo Lucrecio, el filósofo romano: "Lo que es alimento para unos es veneno amargo para otros." Usted debe pensar con antelación en la clase de trabajo que le gustaría realizar después de graduarse, porque necesitará las asignaturas apropiadas para poder conseguir esa clase de trabajo.

Si usted es lo suficientemente afortunado como para encontrar trabajo en el verano, tendría por lo menos alguna idea de lo que es trabajar. Desafortunadamente, la mayoría de los trabajos de verano pagan poco, no son muy interesantes y tampoco son trabajos a nivel profesional. Puede resultarle más útil hablar con alguien que acaba de empezar a trabajar o con amigos mayores que lleven tiempo trabajando. Aunque carezca de experiencia, directa o de otro tipo, sobre el mundo del trabajo, hay otras maneras de obtener esa información.

Hay publicaciones del gobierno que contienen información sobre distintos trabajos. La Oficina de Censos de los Estados Unidos produce varias publicaciones que listan los niveles de salario y características personales de aquéllos empleados en distintas ocupaciones. La Oficina de Estadísticas Laborales publica proyecciones sobre la fuerza laboral y el número de trabajadores que se espera serán empleados en distintos trabajos. Estas publicaciones seguramente están disponibles en la biblioteca de su universidad. Esta información es crítica para planificar una carrera. No tiene sentido capacitarse en una ocupación en la cual no hay mucho trabajo o en la que hay tantos empleados que los sueldos van a disminuir.

El centro de asesoría estudiantil de su universidad es buen sitio para obtener información sobre las características de diversas profesiones y su demanda en el mercado. Muchas compañías que buscan nuevos empleados están en contacto con estos centros de asesoría estudiantil universitarios. Algunas compañías ofrecen programas de entrenamiento en los que el estudiante puede obtener experiencia y ganar dinero simultáneamente. Algunos de estos convenios ofrecen oportunidades excelentes y le aconsejo que los investigue.

Si usted no puede decidirse a escoger una especialidad, por lo menos haga un esfuerzo y decídase por una rama general de estudios. En algunos programas hay mucha flexibilidad durante los dos primeros años de estudio. Usted podrá tomar ciertos requisitos generales que le servirán para obtener un título en distintas especialidades. Más adelante, adoptar la decisión sobre su rama principal de estudios sin haber perdido ninguna asignatura.

Cuando entre por primera vez a la universidad, debe hacer una evaluación realista de sus capacidades y limitaciones como estudiante. Sea honesto consigo mismo sobre materias que le hayan resultado difíciles en el pasado y sobre sus debilidades en técnicas básicas— como lectura, comprensión, redaccion—y puede que quiera tomar algún curso especial en técnicas para leer y técnicas de estudio (si tiene la suerte de que su universidad ofrezca tales cursos). Muchos de estos cursos ofrecen máquinas que proporcionan prácticas de lectura rápida y luego comprueban su comprensión con preguntas y respuestas sobre lo que ha leído. También tienen textos programados diseñados a aumentar su vocabulario, su entendimiento y mejorar sus técnicas de estudio. Aunque usted sea un estudiante superior al promedio sería una pena no aprovechar estos servicios.

Una vez que usted ha elegido su especialidad, normalmente la universidad le asigna un consejero de dicho departamento, quien le ayudará a desarrollar un plan de las asignaturas que va a necesitar. La mayoría de programas de estudio de la universidad requieren un cierto número de cursos que incluyen una amplia variedad de materias, como Inglés, Estudios Sociales, Matemáticas,

Ciencias, etc. Estos requisitos, más los cursos electivos se toman normalmente durante los dos primeros años de estudio, dándole, así, suficiente tiempo para concentrarse en su especialidad en los dos últimos años de estudio.

Al escoger sus cursos electivos, le aconsejo firmemente que tome cursos adicionales de redacción. Además de los cursos requeridos de composición, la mayoría de los departamentos de Inglés ofrecen cursos en redacción de ensayos y de creación literaria. Como dije antes, la mayoría de personas carecen de las técnicas básicas para redactar bien. John Sheffield, Duque de Buckingham, dijo: "Aprenda a escribir bien o no escriba en absoluto." Ciertamente esto es un poco extremo y, además, no hay más remedio que escribir. Pero una cosa es cierta, el escribir bien le ayudará a expresarse mejor en todos los exámenes de composición que tenga en sus cursos y le ayudará después de que termine su carrera.

Al planear su horario de clases es importante tomar asignaturas en el orden apropriado. Muchos de los cursos de alto nivel requieren algún conocimiento previo de la materia que se incluye en cursos de nivel más bajo. Esto es similar a construir una casa: se necesita un cimiento sólido antes de poder construir las paredes. Las asignaturas listadas en el catálogo de la universidad deben indicar los cursos que se requieren previamente. Pero a veces esto indica solamente los requisitos mínimos y no los deseables. Es siempre bueno preguntarle a su consejero, profesores, u otros estudiantes sobre el nivel apropiado de preparación para tomar ciertas asignaturas. Si usted trata de tomar cursos fuera de su debido orden, lo único que conseguirá es hacerse la vida difícil.

Si usted no está en forma o carece de confianza en alguna materia específica, puede ser buena idea comenzar con una asignatura de nivel elemental en vez de nivel avanzado. Esta observación es igualmente válida para estudiantes que no han tomado estas asignaturas por varios años; y especialmente adultos que vuelven a la universidad después de muchos años. Aunque usted haya sido muy bueno en álgebra un par de décadas atrás, esto no implica que está preparado para tomar un curso de cálculo. Tomar asignaturas de nivel elemental le dará una buena base y le hará más fácil estudiar asignaturas de nivel alto cuando tenga que tomarlas.

Si se inscribe en una clase muy difícil, no trate de seguir si el material está realmente fuera de su alcance. Demuestre un poco de humildad y busque la asignatura apropiada para su nivel de conocimiento. Como dijo Confucio: "Cuando sabe algo, mantenga que lo sabe; y cuando no lo sabe, admítalo: eso es sabiduría."

Usted debe tener especial cuidado al escoger sus cursos electivos. Puede tener interés en tomar alguno de nivel avanzado y poco común en Literatura o Filosofía, pero primero asegúrese que puede entender la materia. Si no está preparado, puede encontrar serias desventajas al competir en los exámenes con otros estudiantes que se especializan en Literatura o Filosofía. Sería más inteligente tomar alguna asignatura de nivel más elemental como base, antes de tomar la de nivel más avanzado. Si en su universidad sólo se califica *Aprobado/Desaprobado* en asignaturas electivas, entonces puede arriesgarse más sin poner en peligro su promedio.

Le aconsejo, si es posible, que evite tomar clases por televisión. Las clases televisadas solían ser muy populares cuando yo iba a la universidad, porque era la manera de compensar la falta de profesores en aquel tiempo. Aún son populares en algunas universidades grandes, en particular para las clases de primer y segundo año. Algunos educadores prefieren clases televisadas porque cualquier experto o conferenciante eminente puede dirigirse a todos los estudiantes. Además hay la certeza de que todos los estudiantes están expuestos a la misma información que necesitan para dominar una materia. Por otra parte, yo me distraigo muy fácilmente en clases televisadas y, particularmente, cuando oigo hablar a otros estudiantes. A mí me parece muy impersonal esta experiencia. Pero más importante aun, ¿qué hace si tiene una pregunta cuya respuesta necesita saber para entender el resto?

Una vez que haya definido su plan de estudios, manténgalo a toda costa para que pueda avanzar hacia su graduación. Sin embargo, muchos estudiantes cambian sus especialidades y sus planes de estudio según van progresando en la universidad. Si usted piensa que se ha equivocado de especialidad, entonces le aconsejo que cambie. Si no le gusta una materia específica en sus estudios, sería tanto más extraño que quiera hacer una carrera en esa profesión. No tiene sentido continuar estudiando algo que le va a hacer la vida imposible. Muchas personas han cometido ese error.

La mayoría de mis comentarios en esta sección se aplica a programas universitanos orientados a obtener un título, pero sirven igualmente para programas de posgrado. No sería sensato tomar un seminario avanzado de posgrado antes de tomar los cursos básicos, incluso si usted está intensamente interesado en la materia. Conocer el orden en que se deben tomar las asignaturas es aún más importante en el posgrado y los consejeros tienden a trabajar más íntimamente con los estudiantes.

El aspecto más importante de los estudios de posgrado es que requieren un nivel de compromiso mayor que los estudios anteriores. Las asignaturas son considerablemente más difíciles y las tareas de lectura mucho más especializadas y extensas. Además, usted estará sometido a mayor competencia para obtener buenas notas, porque sus compañeros son usualmente personas más destacadas e inteligentes entre los que ya se han graduado. En resumen, se le exigirá mucho trabajo y sólo aquéllos que tengan un interés muy intenso en la materia deberán matricularse en un programa de posgrado.

PRINCIPIO 1
Hágase un plan de estudios.

2
ESCOJA A SU PROFESOR

Es muy importante que usted escoja a su profesor antes de matricularse en una clase, no importa que materia estudie.

La calidad de los profesores varía considerablemente, lo mismo que cualquier producto o servicio adquirido en el mercado. No asuma que todos los profesores son buenos o incluso competentes, simplemente porque tienen una educación superior. Los profesores se juzgan por la extensión de su conocimiento, nivel de inteligencia y, aun más importante, su habilidad para expresarse. George Bernard Shaw reconoció lo importante de la diferencia entre personas cuando dijo: "Sólo dos cualidades hay en el mundo: la eficiencia y la ineficiencia; y sólo dos tipos de personas: los eficientes y los ineficientes." Aunque es una declaración un tanto extrema, creo que usted capta la idea.

Algunos estudiantes automáticamente escogen profesores "de renombre," personas muy conocidas en su campo. Pero algunos profesores universitarios deben su reputación a sus éxitos en la investigación y ven la enseñanza como un mal necesario. El concepto de "publique o perezca" que predomina en las universidades de hoy,

hace que algunos profesores empleen la mayor parte de
su tiempo trabajando en laboratorios o consultando
revistas profesionales para poder publicar trabajos de
investigación y mantener sus puestos, recibir ascensos e
impresionar a sus colegas. Como resultado de todo esto,
ponen muy poco esfuerzo en la preparación de sus
clases y esperan que usted haga todo el trabajo. El buen
profesor pondrá mucho más esfuerzo en preparar sus
clases que el que usted tendrá que poner para salir
sobresaliente.

¿Cuáles son las cualidades que debe buscar en un profesor? Debe buscar un profesor dedicado, que cubra un
volumen extenso de la materia, que sea justo y que se
explique bien. Aléjese de profesores que son difíciles de
entender simplemente porque no saben comunicarse.
Al mismo tiempo, no asuma que el mejor profesor es el
profesor que no exige mucho. Aunque le sea posible
obtener una buena nota sin mucho esfuerzo, ¿qué va ha
hacer cuando se encuentre con un profesor más exigente en el próximo curso de su plan de estudios? Lo
mejor es elegir una persona que sea excelente profesor
y, a la vez, un investigador de renombre.

Jacques Delille, el autor francés, dijo: "El destino
escoge nuestros familiares, nosotros escogemos nuestros
amigos." Usted debe elegir su profesor como eligiría un
amigo, porque su profesor es su compañero en el
aprendizaje.

La mayoría de sus profesores universitarios ha elegido
su profesión porque le gusta la enseñanza. Considerando
su nivel de educación, ellos podrían encontrar probablemente un trabajo mejor pagado en otro sitio. Pero permanecen en el mundo de la enseñanza porque les gusta
el reto intelectual y la oportunidad de impartir sus conocimientos entre los estudiantes. Aunque el trabajo de
profesor pueda parecer fácil porque solamente requiere
pocas horas de enseñanza cada semana, eso no refleja la
cantidad extraordinaria de trabajo que toma preparar
clases y realizar una investigación. Muchos profesores

trabajan largas horas y hacen grandes sacrificios para ayudar a los estudiantes a dominar la materia. Resulta obvio, por sus acciones, que los profesores son sus amigos y no sus enemigos en el proceso de aprendizaje, porque están interesados en usted.

Ahora que ya sabe aquello que debe buscar en un profesor, ¿qué hace para encontrar la persona adecuada? Otros profesores y estudiantes saben quiénes son buenos profesores; lo único que debe usted hacer es arreglárselas para conseguir esta información. Si usted tiene una personalidad extrovertida, hágase amigo de otros estudiantes y profesores que le puedan informar sobre las virtudes de varios profesores. Ellos pueden proveerle "información interna" muy valiosa sobre los mejores profesores y los cursos que debe tomar.

Es más difícil obtener esta información durante el primer año de universidad. En esta época conoce pocos estudiantes y pocos profesores. En tal caso, tendrá que depender de los informativos universitarios que publican de vez en cuando los resultados de encuestas estudiantiles sobre la calidad de los profesores. Usted puede aprender algo de los éxitos y fracasos de otros. Sin embargo, debe también desconfiar de la información de estos periódicos, porque estas encuestas pueden reflejar opiniones superficiales de estudiantes que califican mal a profesores buenos y exigentes; y califican bien a profesores mediocres que son menos exigentes o con buen sentido del humor. Pídale a otros estudiantes que le detallen específicamente por qué piensan que un profesor es bueno o malo, para que usted pueda juzgar sus opiniones. Atienda los consejos de los demás, pero base su decisión final en su propio criterio.

Creo que la mejor fuente de información sobre profesores se halla entre los otros profesores. En otras palabras, yo prefiero a los "expertos" que alguien con "experiencia". Los profesores son más capaces que los estudiantes de juzgar a otros profesores porque ellos conocen la disciplina. Sin embargo, no es fácil obtener información de ellos, porque prefieren no pecar de descortesía haciendo comentarios negativos sobre sus colegas. Les resulta más fácil identificar a los buenos profesores que a los malos.

Si usted tiene algún profesor en mente, es probablemente buena idea hablar con esta persona antes de matricularse en su clase. Esto le permitirá conocerle mejor como persona y averiguar algunos detalles sobre la clase. Algunos profesores proporcionan el esquema general del curso y las lecturas, para que usted puede conocer mejor el contenido de la asignatura. Podrá averiguar si el profesor da tareas para casa o requerirá informes de investigación, qué libros se utilizan, cuántos exámenes se dan durante el curso, y muchos otros detalles útiles. Si tiene tiempo, puede incluso asistir a una clase de prueba para darse una idea de las cualidades del profesor y del contenido del curso. Tras hacer todo esto, usted sabrá mejor aquello que el profesor está en capacidad de ofrecer.

Recuerde, es importante escoger el profesor adecuado. Usted no usaría la guía telefónica para elegir un médico que tenga que hacerle una operación seria. Ni compraría ropas en una tienda con los ojos cerrados. Tampoco cierre los ojos y dependa de la suerte cuando vaya a matricularse en una asignatura.

El autor Henry James escribió: "Siendo la vida tanta inclusión y marasmo; y siendo el arte sobre todo discriminación y selección; éste último anda siempre en busca del valor latente que sólo al arte concierne, y va husmeando el terreno tan instintivamente y con la misma certeza que un perro que sospecha de algún hueso enterrado."

Así como el perro que sospecha de algún hueso enterrado, husmee usted el terreno y decida . . .

PRINCIPIO 2
Escoja a su profesor.

3
NUNCA PIERDA UNA CLASE

Nunca pierda una clase: ¡nunca! La importancia de este principio debe ser obvia, dado que las preguntas en los exámenes vendrán solamente de las clases. Su profesor utiliza la clase para presentar material que cree importante para entender la asignatura. Como ya se ha dicho antes, los profesores traen todo su conocimiento a la clase, para explicar varios conceptos de una manera comprensible a los estudiantes. Contrariamente de lo que piensan muchos estudiantes, los profesores no están tratando de hacerlos caer en una trampa o engañarles. Están más interesados en lo que los estudiantes saben que en lo que no saben. Si usted puede demostrar que domina todo lo que se ha dado en clase, ha hecho lo suficiente como para salir sobresaliente en el curso.

Usted corre un gran riesgo cuando pierde una clase, porque el examen puede incluir preguntas sobre el material que se explicó en su ausencia. Tres de cada cuatro preguntas de la mayoría de exámenes que yo dí en la universidad eran tipo ensayo. Si usted falla en una de esas preguntas, lo más que podrá conseguir es una B y, más probable aun, una C. No sea tonto y no se arriesgue. Como dijo Louis Pasteur: "En el campo de la observación, el azar sólo ayuda a la mente preparada." Lo que se aplica a la observación científica también se aplica a los exámenes. ¡No se arriesgue!

Cuando advierto que nunca pierda una clase, ello incluye no perder siquiera una parte de la clase. Esfuércese por llegar a tiempo a la clase y no se vaya antes de que termine, porque perdería una parte. Con mala suerte, el material que usted se perdió puede venir luego como una pregunta del examen. Los profesores usan a menudo los primeros cinco minutos de la clase para anunciar cosas importantes; y a menudo usan los últimos cinco minutos para hacer una síntesis de lo que se ha dado en clase o para dar una tarea para futuras clases. Y, sobre todo, no empiece a alistar sus libros y materiales cinco minutos antes de que termine la clase para dirigirse alocadamente a la puerta cuando suene la campana.

Mantenga siempre buenos modales en clase, porque su comportamiento influirá la impresión que el profesor vaya a tener de usted como estudiante. LLegue puntual a la clase muéstrese sincero, trabajador y ávido por aprender durante la sesión y retírese de manera ordenada cuando la clase termine. Como declaró el rey Louis XVIII de Francia: "La puntualidad es cortesía de reyes." Aunque no parezca justo, la impresión que usted deja puede tener cierta influencia en la nota que vaya a recibir, particularmente si sus notas están en el límite.

Un error muy corriente que hacen muchos estudiantes es asumir que pueden perder un clase y no perjudicarse si repasan muy cuidadosamente las tareas de lectura de la clase. Esto puede resultarle fatal, porque muchos profesores no usan siempre el material de lectura para preparar sus notas para la clase. Durante toda mi carrera universitaria no recuerdo un solo caso en que el profesor basara sus clases exclusivamente en el libro de texto. Muchos profesores me han asegurado que sus notas de clase están basadas en material que aprendieron como estudiantes, puesto al día, desde luego, con los avances más significativos en la materia. Los profesores pueden poner al día sus notas de clase mediante libros de texto más recientes designados para este curso, pero es poco probable que rehagan completamente sus notas basándose en el nuevo libro. Por consiguiente, lo más seguro es asistir a todas las clases para que cuente con el conocimiento exacto del material presentado. No haga suposiciones sobre lo que los profesores vayan o no vayan a presentar.

Aunque los profesores basen sus clases enteramente en las lecturas designadas, usted podría perderse algo importante de no asistir a clase. Las clases le cambian de una manera fundamental: su profesor le presenta nuevas ideas y usted puede salir del aula con una visión del mundo distinta que cuando entró. El aprendizaje continúa fuera del aula y, a veces, hasta cuando no está estudiando. Su mente probablemente estará repasando y sintetizando el nuevo material una y otra vez durante el día, incluso durante actividades comunes y corrientes. Este aprendizaje inconsciente puede ocurrir mientras usted se esté vistiendo, comiendo, yendo a clase o en cualquier otra situación. Se descubrirá recitando en silencio nuevos datos o pensando en nuevos problemas que su profesor discutió en clase. Si no va a clase, no hay oportunidad para que este tipo de aprendizaje tenga lugar. El filósofo griego Heráclito dijo: "No es posible bañarse dos veces en el mismo río." Lo mismo que el río pasa, las clases perdidas se van para siempre.

El peor momento para perder una clase es hacia el final del semestre. Irónicamente, muchos estudiantes pierden clases durante este periodo porque sus horarios están saturados y están tratando de prepararse para los exámenes finales. Algunos profesores usan las últimas clases para repasar y resumir el curso entero o mencionar lo que será de importancia en el examen final. Algunos profesores llegan al extremo de anunciar las preguntas que se incluirán en el examen final o, por lo menos, algo referente a ellas. Otros profesores usan la última clase para practicar preguntas y respuestas, y no es muy inusual que algunas de estas preguntas surjan en el final. Si pierde las últimas clases va a estar en gran desventaja para competir con sus compañeros en el examen final.

Si no puede asistir a clase en absoluto (lo que para mí significa que usted está en su lecho de muerte), pídale al profesor o a uno de los mejores alumnos de la clase que le preste sus notas. Es mejor conseguir las notas del profesor, pero algunos de ellos prefieren no llegar a este extremo. Transcriba las notas que le han prestado en su libreta de apuntes. Si no entiende completamente todo lo que el profesor o el estudiante han escrito, pídales que se lo aclaren. Esto le ayudará a ponerse al día por el momento, pero no es una actitud recomendable a la larga.

Edmund Burke, el estadista inglés, dijo, "El ejemplo es la escuela de la humanidad y no aprenderán de otra manera." Bien, he aquí un ejemplo que a usted puede servirle. Durante todo mis estudios de posgrado nunca perdí o llegué tarde a una clase. Muchas veces tuve una excusa para no asistir, pero resistí la tentación. Puedo recordar haber ido a clase con influenza y 104°F de fiebre. Usted puede pensar que esto era fanatismo total; pero sólo estaba preocupado de que el profesor pudiera explicar algo que podría luego venir en el examen. Usted se sorprendería de lo que es capaz cuando tiene voluntad de hacer algo.

PRINCIPIO 3
Nunca pierda una clase.

4
SIENTESE SIEMPRE EN PRIMERA FILA

Emily Dickinson, la poetisa norteamericana, escribió:

Pero al volver a mirar atrás—lo Primero parece tanto así
Comprender el Todo—
Los demás ven un espectáculo innecesario—
Por eso yo escribo—Poetas—Todo—

Es mucho más probable que usted "comprenda la totalidad" de la clase del profesor cuando está sentado en primera fila. Usted absorberá mejor el material cuando esté en la primera fila, porque así estará de espaldas a todo lo demás que suceda en clase. Sólo podrá ver al profesor y la pizarra, y podrá entender los matices de cada palabra y cada idea.

Cuando se sienta en primera fila, el profesor reconoce que usted esta allí para aprender. Es más factible que el profesor lo reconozca y aprenda su nombre, y le vea como una persona, en vez de un nombre o número en una hoja de papel. Las clases en algunas universidades han llegado a ser tan numerosas e impersonales que el profesor nunca tiene la oportunidad de conocer a muchos de los estudiantes. Es muy fácil sentirse como

Sófocles describió al trágico Edipo: "un extraño en tierras extrañas."

Mucha gente prefiere sentarse a la mitad o en la parte posterior de la clase porque se sienten vulnerables en la primera fila. Saben que tendrán menos privacidad en la primera fila y es más factible que el profesor les haga una pregunta. Usted debe andar muy atento y alerta al sentarse en primera fila; es precisamente por eso que debería sentarse allí. Aprenderá mucho más en la clase cuando está despierto y alerta que cuando anda distraído en sus pensamientos.

Si en la clase usted se sienta al medio o atrás a veces se distrae por la presencia de otra gente, ya sea por sus movimientos, por lo que hablan o su comportamiento. Si se sienta muy lejos en una sala de conferencias se distraerá más fácilmente aun o será incapaz de estar tranquilamente sentado. Como el filósofo Blas Pascal dijo: "He descubierto que todos los males humanos derivan de que el hombre es incapaz de sentarse quieto en una habitación." Puede ser un poco exagerado, pero una cosa es cierta: cuando usted se sienta al fondo de la clase a menudo resulta difícil oír al profesor claramente y su mensaje a veces se pierde. Estas distracciones solamente vician su atención y evitarán que asimile el cien por ciento de la materia.

¿Sabe usted lo que se dice de los estudiantes en una clase típica de universidad? Se dice que el diez por ciento está allí porque realmente quiere aprender, otro diez por ciento no tiene el menor interés en lo que está pasando y el ochenta por ciento restante están distraídos en fantasías sexuales. Será mucho más difícil darse a las fantasías sexuales estando en primera fila, porque lo único que hay que ver es la pizarra y usted debe estar preparado para la próxima pregunta.

Alguien dijo alguna vez: "El tiempo vuela cuando uno lo está pasando bien." Frecuentemente esta frase se usa despectivamente para describir lo lentas que parecen las horas o cuando le están torturando. Pero este dicho es muy cierto. Puedo recordar haber ido a una clase y estar tan absorto, que cuando se terminaba, me sentía como si acabara de llegar. Estaba tan abstraído con lo que estaba pasando que perdía completamente la noción del tiempo. Y no era que estuviese "en las nubes," sino conectado a todo lo que el profesor decía. Cuando usted empieza a sentirse así, la experiencia de aprender se hace más placentera.

Usted probablemente ha oído que los seres humanos corrientemente usamos solamente una pequeña fracción de nuestra capacidad mental. Podemos utilizar mucho más concentrándonos profundamente, pero tenemos que estar en un ambiente favorable. En la Biblia, en un pasaje del libro de Job, se pregunta, "¿Dónde se encuentra la sabiduría? ¿cuál es el lugar del entendimiento? El lugar del entendimiento en una clase universitaria está en la primera fila, porque es ahí donde usted encontrará el ambiente que favorece al máximo su comprensión y retención de una materia.

Comprendo que en una clase de treinta o más estudiantes no todo el mundo se puede sentar en primera fila. Sin embargo, mi experiencia es que muy poca gente quiere sentarse allí y debería ser muy fácil encontrar un sitio disponible. No se desespere si la primera fila está completamente llena cuando llegue a clase. En casos como éste lo mejor es sentarse lo más cerca posible de la primera fila; en la segunda o tercera si es posible. Haga lo que pueda dadas las circunstancias y no piense o se preocupe más. La próxima vez haga un esfuerzo por llegar a clase mas temprano.

Si usted quiere "entender la totalidad" de lo que su profesor viene a enseñar, siga este principio:

PRINCIPIO 4
Siéntese siempre en primera fila

5

HAGA SU TAREA ANTES
DE IR A CLASE

Para estar preparado para su próxima clase debe tener lista la tarea asignada en la clase anterior.

La tareas para casa caen en dos categorías clásicas: tareas por escrito y tareas de lectura. Las tareas por escrito le dan a su profesor información inmediata sobre la cantidad de trabajo que usted ha hecho y si lo ha entendido. Aunque las tareas de lectura no le den a su profesor información inmediata, son igualmente importantes para entender la materia del curso. Las tareas de lectura determinarán cuánto ha entendido en clase, y también cómo le irá en esta asignatura.

Lo primero que tiene que hacer es enterarse qué tarea se espera que usted haga en casa. La mayor parte de los profesores le darán un esquema del curso, que es una especie de plan de estudios. Dicho esquema le dirá en qué va a consistir la asignatura durante el semestre, qué es lo que se espera de usted y para cuándo. De hecho, los profesores mejor organizados reparten a menudo un esquema detallando las tareas escritas o de lectura necesarias para cada clase. Si su profesor no le ha dado un esquema o lista de lecturas, trate de hacerse una. Puede preguntarle a su profesor al final de la clase qué es lo que debe leer para la próxima clase o para clases futuras.

La mayoría de esquemas de curso incluye también títulos de libros y artículos que se espera que usted lea durante el semestre. Yo le aconsejo enfáticamente que compre todos los libros requeridos o recomendados para el curso. Su profesor ha seleccionado un texto especial porque piensa que éste tiene una ventaja sobre otros libros, ya sea en el contenido o en su presentación. Seguramente, se trata de una buena introducción al curso y un complemento a lo que explique su profesor en clase. Cuando termine el curso debe quedarse con los libros de texto para futuras referencias. De todos los libros sobre esta materia, el que usted usó es probablemente el que le va a resultar más agradable, y va a conocer mejor.

Otro consejo sobre libros de texto: no es suficiente comprarlos, tiene que leerlos. Como dijo Mark Twain: "El hombre que no lee buenos libros no tiene ventaja alguna sobre el hombre que no los puede leer."

¿Cuándo debe leer su tarea? Como puede ver por el título de este capítulo, usted tiene que hacer sus tareas antes de la siguiente clase. Aunque sólo se le quede grabada esta idea sería suficiente para que este capítulo lograse su cometido.

Completar las lecturas antes de la clase le familiarizará con el material y le harán más fácil comprenderlo y retenerlo cuando el profesor lo explique en clase. Al hacer esto se dará cuenta de que sus clases son más interesantes y estimulantes, y que puede organizar y entender mejor el material presentado en clase. Usted será un oyente más activo durante la clase porque tiene algún conocimiento sobre el tema.

¿Recuerda aquel dicho del dramaturgo griego Eurípides: "Tal parece que en este mundo las segundas consideraciones son los mejores"? Bien, para la mente es mucho más fácil entender algo en la segunda oportunidad, porque ha tenido tiempo para resolver los problemas y preguntas inicialmente encontradas.

Si no ha entendido algo cuando lo lee por primera vez, la clase es un lugar óptimo para hacer las preguntas del caso. Usted puede hacer estas preguntas antes, durante o después de clase, cuando sea más conveniente. No sea tímido ni tema que el profesor o sus compañeros de clase piensen que usted es un ignorante por hacer una pregunta tonta. Si tiene una pregunta, hágala; si no tiene nada qué decir, mantenga silencio. Si ha completado sus lecturas de antemano, podrá contestar muchas de las preguntas que hará su profesor en clase. Esto dará la impresión de que usted está mentalmente bien preparado.

Es importante recordar que las lecturas son un medio con un fin específico y no un fin en sí mismas. Si no entendió totalmente su lectura la primera vez, léala otra vez si tiene tiempo. Pero esto se debe hacer *antes* de ir a la clase en la que se va a explicar este material. No lea el material después de la clase, porque esto le atrasará. Ni siquiera va a necesitar leerlo de nuevo antes del examen, pues la lectura era sólo un medio para ayudarle a entender mejor el tema que se explicará en clase: en eso es en lo que basará el examen.

He visto muchos estudiantes hacer un ritual ridículo de las tareas de lectura. Subrayan partes de sus textos usando lapiceros de colores, y leen y vuelven a leer varias veces el texto marcado cuando se preparan para un examen. Los que suelen hacer esto son los que no van a clase regularmente o los que toman pocos apuntes cuando van. Aunque tal método pueda parecer un sistema organizado, es una pérdida de tiempo. Al profesor no le interesa cuánto de lo que tenía que leer aprendió de memoria, sino qué tanto domina usted el material explicado en la clase.

Una advertencia final para los estudiantes que están tratando una manera más fácil de cumplir con sus lecturas. No asuma que no tendrá que leer todo lo que se ha asignado tan sólo porque las preguntas del examen se tratarán de lo que se explicó en clase. Usted tiene que hacer las tareas de lectura para poder entender completamente la clase. Además, una asignatura incluye más que lo explicado en clase. Su profesor no tendrá tiempo de explicar todo durante la clase, solamente los aspectos más importantes. A menudo las lecturas incluyen material interesante no explicado en clase y que usted debe manejar para dominar la materia. Es una buena inversión leer las lecturas asignadas. Aquí es muy apropiado un antiguo proverbio italiano: "El camino que parece más largo es el más corto para llegar a casa."

Las tareas por escrito no son frecuentes en algunas asignaturas; es más corriente tenerlas después de cada clase de matemáticas y ciencias. Esto se debe a la naturaleza de estas disciplinas, ya que uno sólo puede dominarlas haciendo trabajos por escrito; y no se puede avanzar en ellas hasta no dominar el material previo. Simplemente observando a su profesor resolver problemas en clase no le enseñará todas las sutilezas para resolver problemas. Esto es similar a lo que George Bernard Shaw tenía en mente cuando dijo: "Si usted enseña algo a un hombre nunca aprenderá." Tiene usted que remangarse la camisa, usar la cabeza, ensuciarse las manos, y cometer errores para verdaderamente aprender la materia. Su meta es cometer errores y aprender los métodos apropiados antes del examen.

Algunos profesores muy responsables recogen las tareas, las califican y se las devuelven al estudiante. Es imperativo completar estas tareas a tiempo para que el profesor tenga una buena impresión de usted y para que usted pueda ir progresando al paso debido. Si no termina sus tareas a tiempo, se rezagará rápidamente y recuperarse será tremendamente difícil. Es conveniente entregar siempre la tarea asignada para un curso, aun cuando sea tarde.

Usted no debe considerar la tarea como un castigo del profesor, sino más bien un método para ayudarle a tener más conocimiento de lo que está estudiando. Por eso debe enfrentarse a ellas en serio y con entusiasmo. Como dijo Ralph Waldo Emerson: "Jamás se ha conseguido nada grandioso sin entusiasmo." Si no entiende algunas de las preguntas en su tarea, debe pedirle al profesor que las aclare. Es muy posible que en el examen aparezcan preguntas similares a las que se dieron en las tareas.

Si quiere sacar el máximo provecho de la clase, entonces siga este principio:

PRINCIPIO 5
Haga su tarea antes de ir a clase.

6

TOME MUCHOS APUNTES DURANTE LA CLASE

En Enrique IV, William Shakespeare escribió: "Es la enfermedad de no escuchar, el mal de no atender, lo que me preocupa siempre." Lo que era verdad en el tiempo de Shakespeare sigue siéndolo hoy. Usted debe atender cuidadosamente a su profesor durante la clase y tomar apuntes extensos de la clase si tiene alguna esperanza de ser un estudiante sobresaliente.

Este paso es probablemente el más crucial de mi sistema. Usted debe hacer un esfuerzo para captar todo lo importante presentado por su profesor, pues el examen será sobre el material explicado en clase. Esto requerirá que escuche atentamente y se concentre durante la clase, y que tenga un buen sistema para anotar lo que se dice. Si aprende poco o nada en clase, no debe esperar obtener buena nota en este curso. El propósito de este capítulo es mostrarle cómo llegar a ser un buen oyente y tomar buenos apuntes.

Vamos a concentrarnos primero en su habilidad para escuchar. ¿Sabe usted lo que diferencia a un buen oyente de uno malo?

Una de las caracteristicas principales de los malos oyentes es que oyen sólo lo que quieren oir. Puede haber varias causas que les impide oir con eficiencia. Algunas de éstas incluyen: no tener interés en el curso, le desagrada el profesor, le distraen fácilmente los ruidos en clase o el comportamiento de otras personas, además de falta de concentración. Usted debe evitar estas cosas si quiere ser un buen oyente.

Usted ya está en camino a serlo si se sienta en primera fila y lee lo que debe de antemano. Pero se requiere bastante más. Tendrá que aprender por sí mismo cómo ser buen oyente, porque el típico currículum universitario no incluye cursos que enseñen esto.

A diferencia de leer, escribir o pensar—funciones que toda persona controla por sí sola—,escuchar requiere la presencia de otra persona. Para ser un buen oyente, tiene que ser además buen discípulo. Tendrá que concentrar su atención en lo que expresa el profesor y evitar irse por la tangente. Esto es más difícil de lo que parece, porque usted puede pensar diez veces más rápido que lo que habla su profesor. Puede usar este lapso extra para pensar lo que ha dicho su profesor, escribirlo en su cuaderno y anticipar la próxima idea. Pero no pierda mucho tiempo pensando en una idea o perderá la siguiente. Si su profesor dice algo que le intriga, evite pensar profundamente en ello en ese momento. Hay suficiente tiempo después de la clase para hacerlo. La mejor estrategia a seguir es aceptar temporalmente lo que se ha dicho y ser un buen discípulo.

Yo no estoy sugiriendo que siga ciegamente a su profesor como si fuera un dios. Los profesores no lo saben todo y a menudo cometen errores. Como Séneca, el filósofo romano, dijo: "Incluso mientras enseñan, los hombres aprenden." Si su profesor dice algo que usted no entiende o que no le suena correcto, pregúntele. Pero actúe inteligentemente cuando haga preguntas en clase. Si realmente necesita ayuda, pregunte a su profesor, pero no sea tan impaciente que vaya a interrumpir al profesor o molestar a los otros estudiantes. Haga preguntas que merezcan la pena; no lo haga simplemente porque quiere que le oigan. Como Oliver Wendell Holmes, el médico y autor norteamericano, una vez dijo: "Es propio del conocimiento el hablar; y es privilegio de la sabiduría el escuchar."

Los buenos oyentes están muy atentos durante la clase, porque saben que sólo tienen una oportunidad para captar el material. Esto contrasta enormemente con leer un libro, porque usted puede leer un pasaje varias veces hasta que lo entienda. Siempre debe prestar atención durante una clase, porque si no corre el riesgo de perder algo importante que puede aparecer luego en el examen. Una manera de estar atento es usando todos sus sentidos para acopiar información durante la clase. Sus ojos deben alternar entre la pizarra y su cuaderno, sus oídos deben estar sintonizados a las palabras de su profesor, y su mente debe estar trabajando para entender y sintetizar lo que se dice en clase. Su cuerpo entero debe estar continuamente trabajando para entender la sutileza de cada idea expresada en clase. Involucrándose de esta manera es más difícil que se distraiga.

La manera más efectiva de convertirse en un buen oyente es tomando buenos apuntes; y la clave para tomar buenos apuntes es siendo buen oyente. En otras palabras, tomar buenos apuntes y convertirse en buen oyente van juntos.

La primera regla para tomar buenos apuntes es llevar a clase los materiales apropiados para tomar apuntes. Yo recomiendo usar cuadernos de espiral de tamaño estándar para que no se salgan las hojas o se mezclen todas si se le cae el cuaderno. Como va a tomar apuntes extensos puede que quiera comprar un cuaderno para cada curso. Tome siempre sus apuntes en lápiz y tenga a la mano una buena goma de borrar. Es muy difícil hacer cambios si se ha usado tinta, en caso que usted o el profesor cometan un error que necesita corregir. Si tiene que tachar mucho que esté escrito en tinta, sus apuntes serán muy confusos y será difícil leerlos. Asegúrese de llevar cualquiera otra cosa a la clase que sabe que va a necesitar, tales como reglas, compases, etc.

La mejor manera de captar mentalmente lo que explica su profesor es tomando apuntes extensos durante la clase. Debe tratar de escribir cada pensamiento significativo dicho por su profesor. Olvídese de tratar de escribir discusiones informales, chistes u otras cosas triviales. Concéntrese en apuntar lo que el profesor dice, en lugar de tratar de hacerlo en sus propias palabras; eso vendrá luego. Si no lo hace así, puede perder una idea importante o usar palabras que expresen incorrectamente un pensamiento. No trate de construir esquemas complicados durante la clase para organizar el material presentado, a menos que el profesor haya presentado uno como parte de su explicación. Si el profesor dibuja gráficos o tablas en la pizarra durante la clase, asegúrese de copiarlas en sus apuntes.

La utilidad de sus apuntes para estudiar para un examen depende de la información que contengan. El consejo que le doy para tomar apuntes es el que me dio a mí mi profesor de inglés: "Aunque sea torpe o esté cansado, sea preciso."

Usted no puede escribir literalmente cada palabra dicha por el profesor a menos que sepa taquigrafía y escriba muy de prisa; tengo un enfoque algo distinto. Yo desarrollé un grupo de abreviaturas que me fueron útiles, aunque a otra persona le pudieran parecer un código extraño. Estas abreviaturas me permitieron escribir muy rápidamente y captar casi todo lo importante presentado por mi profesor. Después transcribía dichos apuntes en lenguaje normal; esto es lo que necesita hacer en la próxima etapa.

Me es imposible darle una descripción detallada de mi sistema para abreviar el inglés en tan corto espacio. En vez de esto, lo que voy a hacer es describir las técnicas principales que uso para abreviar y tomar apuntes rápidamente. Abrevie palabras corrientes usando algunas de las primeras y últimas letras de la palabra; descarte las vocales y use contracciones cuando sea posible. Trate de usar siempre las mismas abreviaturas, para que sea más fácil descifrarlas cuando transcriba sus apuntes. Hay varias abreviaturas que pueden usarse para frases corrientes, como: por ejemplo (e.g.), igual (=), distinto (≠), demás (etc.), y otros más. No necesita escribir frases completas; deje conjunciones, preposiciones, y otras palabras que no son esenciales para entender la idea. Sin embargo, debe tener mucho cuidado para no omitir palabras que puedan cambiar el significado del pensamiento. El objetivo es escribir lo menos posible, pero ser capaz de captar todos los hechos, principios e ideas expresadas por el profesor.

Usted necesitará un buen sistema para organizar todos estos apuntes. Asegúrese de escribir la fecha al principio de cada clase y numere las páginas para saber por dónde va. Apunte sus tareas, lo que incluyen y cuándo tienen que entregarse.

Según va tomando apuntes en clase, debe estar atento para discernir posibles preguntas para el examen. Si está muy atento, puede notar algún cambio en los gestos o tono de voz del profesor cuando pone énfasis en algún principio o idea importante. Cuando un profesor habla de algo con interés especial o pone gran énfasis en un punto en particular, hay una gran probabilidad de que lo incluya en el examen. Algunos profesores no pueden disimular sus emociones y telegrafían sus intenciones claramente. Otros profesores son más claros y frecuentemente anuncian en clase que cierto material podría ser buena pregunta para un examen.

A menudo los profesores hacen insinuaciones una y otra vez. ¡Así que detéctelas! Darse cuenta de una posible pregunta para el examen le pone en ventaja respecto de los demás estudiantes, porque tiene la oportunidad de preparar la respuesta de antemano.

Cada profesor tiene distinto estilo en la manera de dar clases. Algunos proveen un esquema del material que van a dar, otros numeran los puntos principales o los repiten varias veces para ponerles énfasis; y hay otros que reparten resúmenes escritos del contenido de sus clases. Poder reconocer el estilo de su profesor le ayudará a organizar mejor el material y sacar más provecho a la clase porque sabe lo que va a encontrar.

Me doy cuenta de que he expuesto una tarea muy difícil para algunos, porque requiere que usted escuche y digiera el material como nunca antes lo ha hecho. Necesitará trabajar mucho más en clase, pero pronto se acostumbrará a la molestia que supone escribir tanto.

Si usted toma apuntes extensos y completos como yo he indicado en esta sección, verá que está más involucrado en el proceso de aprender. Su cuerpo y mente estarán trabajando casi cada segundo que está en clase, digiriendo y sintetizando el material. Al usted involucrarse de esta manera notará que el tiempo pasa muy rápidamente, y que es menos consciente de la cantidad de trabajo que está haciendo. Con el tiempo sentirá más entusiasmo a medida que va dominando el material. La experiencia de aprender llegará a ser más agradable y sentirá gran deseo por asistir a la próxima clase. Llegará a disfrutar la sensación de estar algo más adelantado que sus compañeros y, ocasionalmente, que el profesor.

Tengo otra advertencia importante: ¡no trate de ahorrar esfuerzos! No debe pensar que puede usar una grabadora en vez de tomar apuntes detallados en clase. Estará menos atento en la clase si su grabadora está funcionado, porque sabe que podrá oír al profesor después. Es muy difícil entender una grabación cuando el profesor se está refiriendo a algo que está escrito en una pizarra que usted no puede ver. Además, su comprensión y retención del material es mucho mejor cuando lo escribe inmediatamente después de haberlo oído.

Aunque pueda entender completamente la clase de su profesor sin tomar apuntes, esto no le absuelve de la necesidad de hacerlo. No hay garantía de que recordará el material más adelante. La única manera de estar seguro es tomando apuntes detallados. Esto requerirá mucho trabajo pero, como dijo Thomas Edison, "No hay sustituto para el trabajo intenso."

PRINCIPIO 6
Tome muchos apuntes durante la clase.

7
TRANSCRIBA SUS APUNTES ANTES DE LA PROXIMA CLASE

La declaración de Eurípides de que "en este mundo, parece que las segundas consideraciones son las mejores" es todavía más apropiada ahora. Siempre debe revisar y transcribir sus apuntes por segunda vez, antes de la clase siguiente.

Normalmente yo tenía dos grupos de cuadernos para cada clase. Solía usar el primer grupo para tomar mis apuntes abreviados a lápiz durante la clase. Después transcribía estos apuntes en idioma normal y con tinta en el segundo grupo de cuadernos antes de asistir a la clase siguiente. Los cuadernos con los apuntes escritos en tinta nunca salieron de mi habitación. Como los apuntes juegan un rol clave en el sistema, de ninguna manera debe correr el riesgo de perderlos. Siguiendo este sistema usted tendrá apuntes de repuesto en caso que perdiera el cuaderno que lleva consigo a clase.

Poco después de terminar una clase escoja un lugar tranquilo donde pueda concentrarse en lo que ha escrito en clase y transcriba sus apuntes. Según los va transcribiendo irá repensando el material presentado en clase.

Usted está traduciendo sus apuntes abreviados a pensamientos y oraciones completos. Según hace esto, irá resolviendo cualquier inconsistencia o ideas incompletas que surgieron durante la clase. Durante esta fase de transcribir sus apuntes asegúrese de que puede discernir entre aspectos importantes y detalles secundarios. Puede serle útil organizar sus apuntes en forma esquemática.

No estoy sugiriendo que usted reorganice el material de clase durante esta segunda fase, sino simplemente que añada titulares que esquematicen la estructura general de la clase. También es buena idea añadir sus comentarios personales y críticas a sus apuntes, pero indicando claramente que son suyos y no del profesor. Esto puede ser muy útil si se le pide expresar su opinión sobre un tema durante un examen.

Asegúrese que entiende bien lo que ha escrito, sin asumir que lo va a entender. Al transcribir sus apuntes hágalo de manera activa, preguntándose sobre el significado y la importancia de lo que ha dicho su profesor y particularmente fíjese en posibles preguntas para el examen.

Si sus apuntes tienen inconsistencias que no puede resolver solo, pregúntele al profesor para que le ayude a resolverlas antes o después de la próxima clase. Usted puede visitar a su profesor durante horas de oficina si necesita alguna otra explicación. Este tipo de información no solamente asegura que usted y su profesor están en la misma onda de comunicación, sino que también le da a su profesor una importante señal de que usted es un estudiante serio, que está activamente imbuido en el proceso de aprendizaje.

La manera más efectiva de asimilar nuevas ideas es reescribiéndolas porque esto le fuerza a repensarlas deliberadamente. Sus nuevos apuntes estarán expresados de manera más asequibles a su entendimiento. Le será mucho más fácil revisar sus nuevos apuntes más adelante, porque no tendrá que volver a aprender el material.

La razón más importante para transcribir sus apuntes antes de la próxima clase es que así usted ya ha empezado a estudiar para el examen. Nunca es demasiado pronto para empezar a estudiar para un examen.

Al transcribir sus apuntes antes de clase usted estará repasando la materia cuando su habilidad para captar es mayor porque todavía está fresco el recuerdo. Si espera mucho tiempo antes de transcribirlos no será capaz de acordarse de todo lo que dijo el profesor. Mientras transcribe sus apuntes su mente se familiariza más con el material y empieza a internalizarlo. Las ideas procesadas bajo esta modalidad se graban mejor que cuando se espera mucho tiempo. Yo puedo recordar todavía muchas de las cosas que estudié hace muchos años. Esta es una importante virtud. Como alguien sugirió: "La educación es aquéllo que queda después de olvidar todo lo que se aprende."

Esta recomendación de transcribir sus apuntes puede ser controvertida, pero creo que es uno de los aspectos más importantes de mi sistema de estudio. La mayoría de las otras guías de estudio aconsejan a los estudiantes muy enfáticamente no transcribir sus apuntes, refiriéndose a tal actividad como una actividad supersticiosa y sin sentido. El típico método recomendado por estas guías es hacer un esquema de lo que explica el profesor en clase, transponiendo las ideas del profesor en sus propias palabras. Estas guías aconsejan al estudiante leer de nuevo sus apuntes poco tiempo después de la clase y completarlos cuando sea necesario. Yo encuentro más efectivo transcribir con tinta las ideas completas del profesor (las cuales usted anotó fielmente durante clase) y completarlas si es necesario. Todo lo que puedo decirle es que he tratado ambas maneras y que mi enfoque funciona mejor. La mejor prueba es comparando mis calificaciones con las de aquellos autores que recomiendan el otro método.

Poniendo esta controversia de lado, es muy difícil convencer a los estudiantes de la importancia de transcribir sus apuntes de la clase. Aunque es una tarea muy fácil y sin complicaciones, muchos estudiantes lo ven como una carga. Muchos estudiantes lo ven como una actividad que lleva mucho tiempo, laboriosa e innecesaria. Piensan que tomar apuntes una vez es suficiente para dominar la materia. Probablemente ni mirarán sus apuntes hasta poco antes del examen y se sorprenderán al ver que mucho de lo que han escrito no tiene sentido.

No se deje llevar por este tipo de razonamiento equivocado. Aunque de momento transcribir los apuntes lleve un poco más de tiempo, a la larga necesitará menos tiempo de repasar al prepararse para un examen. Su retención mental será mayor y dominará la materia, de modo tal que el repaso será mucho mas fácil.

La táctica adecuada es dividir su tiempo cuidadosamente para que pueda transcribir sus apuntes de cada asignatura antes de la clase siguiente y completar sus lecturas también. Desarrollará así un sistema que le permitirá hacer todo a tiempo y todavía sobrarle tiempo para otras actividades que le interesen. Pero no puede saltarse ninguno de los pasos del sistema, porque entonces no lo estará siguiendo. ¡Transcribir sus apuntes de clase es esencial!

Complemento lo dicho con los siguientes hechos. Experimentos en teoría de la información han demostrado que la persona común retiene sólo aproximadamente el 20 por ciento de lo que lee; el 40 por ciento si lo ha oído tras haberlo leído; y el 60 por ciento si además lo anota. Así que aún cuando usted cumpla con sus lecturas, asista a clase siempre y escuche atentamente, y tome buenos apuntes, apenas sabrá lo suficiente para pasar la asignatura. Al transcribir sus apuntes usted eleva su nivel de retención significativamente, por encima del 60 por ciento.

Los etapas restantes en esta sección le mostrarán cómo aumentar su dominio del material cerca del 100 por ciento si es posible.

PRINCIPIO 7
Transcriba sus apuntes antes de la próxima clase.

8

EMPIECE A REPASAR SUS APUNTES DE CLASE UNA SEMANA ANTES DE UN EXAMEN

Robert Louis Stevenson escribió: "Aunque el médico le dé menos de un año de vida, aunque dude en darle un mes, haga un esfuerzo de valor y vea lo que se puede hacer en una semana." No hay nada mágico en un periodo tan corto como el de una semana, pero el asunto es que usted tiene que empezar temprano a estudiar para salir bien en el examen. ¡En una semana se puede hacer mucho!

En verdad, usted ha estado estudiando para el examen mucho más de una semana si ha estado transcribiendo sus apuntes durante el semestre. Si ha seguido las etapas anteriores, ha dominado ya el material que se le enseñó. Sin embargo, no está totalmente preparado para el examen. Con el paso del tiempo, las ideas y conceptos que estaban claros en nuestra memoria empiezan a desaparecer. Aunque no se hayan esfumado de su memoria por completo, mientras más tiempo pase desde el último examen, menos recordará. Por lo tanto, debe usted revisar sus apuntes completos antes de tomar una prueba.

La mayoría de profesores anuncia con mucha anticipación los exámenes para darle amplia oportunidad de prepararse para ellos. Es más, la mayoría de profesores anuncia las fechas de los exámenes al principio del semestre. Esto le permitirá preparar su horario con cuidado. Si su profesor no le ha dado esta información, entonces trate de conseguirla: ¡repetidas veces si es necesario!

A algunos profesores les gusta sorprender a los estudiantes tomándoles pequeñas pruebas sin avisar, para asegurarse que los estudiantes están al día en sus estudios. Aunque creo que esto no es justo, usted estará mejor preparado que sus compañeros si ha estado transcribiendo sus apuntes a lo largo del semestre.

Para prepararse para un examen, todo lo que tiene que hacer es repasar los apuntes de clase que transcribió en limpio. Como he dicho antes, no tendrá necesidad de revisar sus lecturas. Repasando sus apuntes de clase será una experiecia sin dolor, porque ya los ha transcrito de una manera que es fácil de leer y en la que todas las inconsistencias se han resuelto. La información está ya grabada en su mente, porque usted ha transcrito sus apuntes. Todo lo que tiene que hacer es repasar el material lo suficiente como para dominarlo. Cuando gane control del material, ganará control de la situación.

Usted debe empezar a repasar una semana antes del examen leyendo sus apuntes a paso tranquilo. ¿Por qué a paso tranquilo? Como Samuel Johnson dijo: "Toda mejora intelectual emana de la tranquilidad." Si no puede estudiar todo en un día, continúe al día siguiente. No pierde mucho tiempo durante el primer repaso tratando de entender todas las interrelaciones o aprenderse de memoria todo lo que contienen sus apuntes. Esta lectura inicial sirve para refrescar la memoria e inspirarle confianza; ha entendido todo lo que puede incluir el examen. Las próximas fases del repaso le darán total dominio de la asignatura.

La mejor manera de dominar el material es leyendo sus apuntes de clase repetidas veces. Cuando haya terminado el primer repaso de sus apuntes, deben quedarle todavía cinco o seis días antes del examen. Dése un pequeño descanso y empiece su segundo repaso. En su segundo repaso actúe de manera más activa que en el primero. Asegúrese de que puede discernir claramente entre temas mayores y menores y que entiende las definiciones importantes. Domine el material recitando detalles de los puntos más importantes. Si encuentra que tiene dificultad en acordarse de ciertos detalles durante tal ensayo, trate de conectarlos con otros hechos o relaciones de los que ya tiene conocimiento. Relacione la información a su experiencia personal si puede, porque entonces será más fácil recordarla. A veces podrá reconocer algunas palabras claves que le ayudarán a traer gran cantidad de conocimiento a la memoria.

Encontrará que este segundo repaso es considerablemente más fácil que el primero. Mientras repasa el material por segunda vez, empezará a anticipar la relación entre las ideas, porque el material está fresco en su mente después del primer repaso. Este proceso de repaso le ayudará a internalizar todo el conocimiento, para que pueda reproducirlo o manejarlo a su gusto. Al darse cuenta de su conocimiento se sentirá más cómodo y su confianza aumentará.

Cuando haya terminado su segundo repaso, descanse un poco y empiece su tercer repaso. Ahora ya puede anticipar el contenido de cada página de sus apuntes y no solamente la secuencia de ideas. Más importante todavía, usted comenzará a relacionar las distintas partes de la materia, que es lo que frecuentemente se requiere en un examen. Se empezará a sentir gran confianza en sus conocimientos y deseará que llegue el día del examen para poder demostrar lo que sabe.

Puede repetir el repaso tantas veces como quiera antes

del examen, si tiene tiempo ... Cuantas más veces repase, más completo será su dominio del material. Una regla general para prepararse para cualquier examen es que lea sus apuntes no menos de tres veces o podría tener dificultades. Tampoco sea obsesivo ni piense que tiene que repasar sus apuntes diez veces hasta obtener un dominio total. Además, después de cierto punto empezará a notar poca mejora, porque ya ha absorbido la mayor parte de la materia. El siguiente poema anónimo se encontró en un manuscrito antiguo del tiempo de Isabel I de Inglaterra:

> *La multiplicación es irritante,*
> *La división es igual de mala;*
> *La regla de tres me confunde,*
> *Y la práctica me enloquece.*

Aunque la regla de tres le confunda, o la práctica le enloquezca, tiene que aceptar que va a tener que repasar sus apuntes varias veces para dominar la materia. No hay otra manera de hacerlo. Tengo otros consejos más que le ayudarán.

Piense las posibles preguntas del examen. Es imposible adivinar de antemano todas las preguntas del examen, ya que gran parte del material no se incluye nunca. Pero de todos modos vale la pena que usted trate de anticipar las probables preguntas del examen. Esto no debe ser muy difícil, ya que es posible agrupar el material bajo ciertos temas mayores. Es más fácil reconocer estos temas después de repasar varias veces sus apuntes. Hágase preguntas hipotéticas y piense de qué manera las contestaría. Organice el material en su cabeza y piense cómo están conectados los puntos principales que escribiría en su respuesta. Recite la respuesta en sus propias palabras, en silencio o en voz alta. Ensayar activamente le ayudará a captar mejor el material y a retenerlo por más tiempo. Esto le dará gran experiencia en su manera de expresarse, que es lo que se requiere en los exámenes.

Es una rutina muy buena que le ayudará a prepararse para el examen.

Reescriba ecuaciones y cuadros gráficos. Ciertas disciplinas (como matemáticas, economía y química) dependen mucho de símbolos, ecuaciones y cuadros gráficos. Repasar sus apuntes varias veces puede no ser suficiente para darle un dominio total del material. En estos casos, puede aumentar su repaso reescribiendo ecuaciones y gráficos hasta que se sienta tranquilo y confiado. Encontrará que puede reproducir los símbolos matemáticos más fácilmente si los reescribe una y otra vez. Este ejercicio es particularmente efectivo con cuadros gráficos, porque le ayudará a recordar las relaciones entre varias coordenadas y los nombres de los ejes.

Puede escribir de nuevo estas expresiones en la pizarra, en un papel o en lo que quiera. Mi método consistió en reescribirlas directamente en mis apuntes que transcribía en tinta. Cuando pasaba mis apuntes en limpio, dejaba una página en blanco entre cada hoja y así tenía bastante espacio para reescribir cualquier fórmula que yo necesitara practicar. Después podía compararlas con los apuntes de la página anterior para ver si todo estaba correcto. Este ejercicio le proporcionará una buena práctica para el examen. Si ve que está teniendo mucha dificultad con algunas fórmulas matemáticas o cuadros gráficos, transcríbalas en un hoja aparte para que pueda mirarlas periódicamente, hasta el mismo día del examen, si es necesario.

Preste atención a los materiales que se distribuyen en clase. Los profesores a veces reparten materiales adicionales de lectura si no tienen tiempo de dar toda la información en clase o si el material es muy complicado. El mero hecho de que el profesor haya dado este material le debe decir algo sobre su importancia. Como William James dijo: "Una cosa es importante si alguien piensa que es importante." Usted debe considerar este material como si se hubiera explicado en clase. Esto quiere decir que debe transcribirlo (siempre y cuando no sea demasiado extenso), al igual que sus apuntes. Asegúrese de que entiende la relación entre el material repartido por el profesor y lo que se ha explicado en la clase. Puedo recordar más de una vez en la que el material repartido por el profesor figuró en los exámenes, así que es mejor estar preparado.

En el caso poco común que el profesor anuncie que se tomará un control sobre ciertas lecturas se debe tratar como si se hubiera dado en clase. Esto no quiere decir que usted deberá transcribir todas sus lecturas, pero debe asegurarse que conoce bien su contenido. La mayoría de las veces será suficiente hacer un esquema de los aspectos importantes de sus lecturas y repasarlas al mismo tiempo que sus apuntes, cuando se prepare para un examen.

Si tiene que aprender algo de memoria, hágalo. En la mayoría de cursos de la universidad no tendrá que aprender mucho material de memoria; entender la materia es una habilidad mucho más importante. Sin embargo, en algunos cursos habrá ciertos principios claves y definiciones que se espera que usted recuerde. En la mayoría de casos, podrá hacer esto transcribiéndolos en sus apuntes y grabándoselos en su memoria mientras se esté preparando para un examen. Si esto no es suficiente, entonces tendrá que hacer algo más para aprenderse de memoria el material. El problema es que la mayoría de los estudiantes no sabe cómo aprender de memoria una determinada información. Se queda mirando las palabras de la página por un periodo largo de tiempo, esperando absorber la información por ósmosis. Esto es un método absurdo.

Esta es la manera más conveniente para aprender de memoria cualquier información. Anote lo que necesite recordar en tarjetas de 3″ × 5″. Anote la palabra o el principio en una cara de la tarjeta y su significado (u otra información necesaria) al dorso. En sus momentos libres, mire la tarjeta y vea si se acuerda de lo que está escrito detrás. Repita esto cuantas veces sea necesario hasta que se lo sepa de memoria.

Haga su repaso de una manera continua y organizada. En vista que empezó su repaso por lo menos una semana antes del examen, usted tiene que tener suficiente tiempo para terminar y aprenderlo todo. Trate de seguir repasando durante esa semana y no deje pasar varios días sin hacer nada entre repaso y repaso. Yo sé que esto puede ser muy difícil si está muy ocupado tomando otras asignaturas y participando en otras actividades, pero debe trabajar bastante durante este periodo. La continuidad en el estudio es importante para poder dominar la materia. Y esto le ayudará a tener control sobre ella rápidamente, porque no tiene que retroceder y recordar donde se quedó la última vez que estuvo leyendo. Yo trataba de repasar mis apuntes todos los días en la semana anterior a un examen, excepto el día mismo del examen.

Usted descubrirá que puede sacar más provecho si estudia varias horas seguidas cada vez, en lugar de repasar en varios intervalos pequeños de tiempo. Los periodos largos de estudio son efectivos para entender las conexiones entre varios temas de una materia. De eso se trata el examen. Algunas guías de estudio le aconsejan que "piense en pequeño" y que estudie en intervalos cortos. No estoy de acuerdo con esta idea. Mi filosofía es "pensar en grande," lo mismo al hacer mucho trabajo que para alcanzar las notas más altas posibles en los exámenes.

Nunca estudie hasta el último momento antes de un examen. Si usted ha estado estudiando mucho para un examen, practique un poco de moderación y deje de estudiar el día antes—o por lo menos unas cuantas horas antes—del examen. Como Benjamín Disraeli dijo: "Hay moderación hasta en el exceso." Estudiar hasta el último minuto es una experiencia desconcertante. Indica que no tuvo tiempo suficiente porque no empezó bastante pronto para dominar la materia. Usted se sentirá con mucho más confianza si no tiene que meterse todo en la cabeza en las últimas horas antes del examen. Además, su cerebro necesita algo de descanso antes del examen, porque necesitará toda su energía e ingenio para salir bien en el examen. Descansar es algo muy importante. Usted tiene que estar mentalmente alerta y tranquilo para maximizar su potencial en un examen.

Si empezó a estudiar una semana antes del examen, no debe preocuparse de que se le vayan a olvidar muchas cosas al momento del examen. La retención del material tiende a ser muy buena si usted verdaderamente entiende las ideas y sus interrelaciones, en vez de fragmentos aislados de información. Su retención será mucho mayor si es capaz de conectar sus nuevos conocimientos con algunos aspectos importantes de su vida. La meta de la educación no es solamente aumentar su conocimiento, sino también darle una sabiduría que le acompañe a lo largo de su vida. Como Alfred Lord Tennyson dijo: "El conocimiento llega, pero la sabiduría se mantiene."

Tengo una recomendación final que hacerle sobre el estudio. Sé que algunas guías de estudio recomiendan reunirse con otros estudiantes para prepararse juntos para los exámenes—si puede encontrar personas con conocimiento dispuestas a hacer una parte razonable del trabajo. Yo nunca he usado este método y, francamente, creo que soy demasiado individualista para intentarlo siquiera. Yo pienso que puedo llegar a dominar el material por mí mismo o recibir ayuda del profesor si es necesario. Para mí, estudiar es una tarea solitaria, no una actividad social. Una cosa es cierta: dar un examen es una actividad solitaria, porque sus amigos no van a estar allí para guiarle la mano o darle las respuestas; si es así, eso se llama engaño.

Recuerde: si quiere tener éxito en los exámenes tiene que estudiar para ellos. No piense por un minuto que puede tener suerte o éxito en un examen sin estudiar. Si va a un examen con la cabeza vacía, no espere que su nota sea buena. Como dijo Benjamín Franklin: "Un bolsa vacía no se puede mantener en pie." Qué tanto se llene la bolsa y cómo se mantiene usted en pie depende de qué tanto estudie.

PRINCIPIO 8

Empiece a repasar sus apuntes de clase una semana antes de un examen.

9

MUESTRESE INTELIGENTE ANTE UN EXAMEN Y RESUELVALO CON ENTERA CONFIANZA

Hay un verso en el Libro de Plegarias Inglesas que dice: "Examíname, Señor, y pruébame: pon a prueba mis riendas y mi corazón." Si bien usted se enfrentará a una autoridad mucho menos importante que Dios en un examen, la necesidad de estar preparado es igualmente real. Puede que su profesor no ponga a prueba sus riendas y su corazón, pero puede estar seguro de que probará sus habilidades.

El primer y más importante principio para dar una prueba es que usted tiene que saber lo que está haciendo: mostrarse inteligente ante un examen. El Capítulo 2 de la II Parte se refería a las habilidades básicas para dar un examen. Dicho capítulo presentó las estrategias generales para dar exámenes, así como las estrategias específicas para dar varias clases de exámenes. El capítulo presente asume que usted ya es un estudiante inteligente frente a un examen y pasa a algunos de los aspectos más esotéricos de los exámenes. Si no ha dominado la materia del Capítulo 2 de la II Parte—que es lo más probable si lo ha leído una sola vez—deberá revisarlo en algún momento. Si ha leído el Capítulo 2 apresuradamente, léalo otra vez con calma.

Si ha seguido las primeras 8 etapas de mi sistema, usted tiene que tener dominio completo sobre el material del curso. Su trabajo ahora es demostrarle esto mismo al profesor. Si el profesor le pide que lo repita de memoria, su tarea es muy clara. Sin embargo, si tiene un buen profesor, es poco probable que le pida que repita palabra por palabra en el examen. Los exámenes más efectivos le piden que use la información que usted posee para resolver un problema nuevo. Esto puede requerir que usted use la información que tiene en formas no explicadas por el profesor. Esto es muy similar a la manera en que usted va a tener que enfrentar los problemas del mundo real, porque estos problemas no suelen ser como aquéllos incluidos en los libros de texto. Las ideas nuevas siempre son difíciles de manejar, ya sea dentro o fuera de la clase.

A los profesores les gusta especialmente pedirle que aplique los métodos enseñados en clase para resolver un problema nuevo. Estos métodos son como la caja de herramientas de un trabajador hábil. Usted tiene que saber qué herramientas tiene que usar y cómo usarlas para resolver un problema particular. Las herramientas son muy importantes en ciertos cursos, como los de ciencias físicas y ciencias sociales. Por ejemplo, las ecuaciones matemáticas y el análisis gráfico son herramientas indispensables para el economista. En un examen usted necesita demostrarle al profesor que sabe usar las herramientas de tal especialidad lo mismo que un trabajador calificado.

Usted tiene que ir al examen con total confianza. Cuando dé un examen, no tiene que contestar exactamente como está en sus apuntes. El profesor puede pedirle que aplique su conocimiento de manera distinta. A veces usted tiene que dejar de lado su manera de pensar y ser creativo para contestar bien. Si usted ha estudiado intensamente sus apuntes durante la semana anterior al examen, está en posesión de un cúmulo enorme de información. Su mente estará trabajando con esta información a nivel subconsciente, explorando las relaciones entre varios hechos, principios e ideas. Esta preparación previa le ayudará a ser creativo en el examen.

Para que el potencial de su creatividad se despliegue completamente debe ir al examen con la actitud mental apropiada, y con un alto grado de confianza en sí mismo. Usted debe ver el examen como una oportunidad para demostrarle a su profesor todo lo que ha aprendido. Si ha estado siguiendo mi sistema, podrá dar el examen con tranquilidad porque su mente estará muy ordenada. Si tiene confianza en sí mismo, es más probable que haga bien el examen, porque tiene la actitud mental correcta. Pero si su confianza es baja, estará predispuesto a hacerlo mal. Esto siempre sucede.

Todos hemos oído a los entrenadores de deportes hablar sobre lo importante que es la confianza personal cuando se compite en deportes. La confianza mental ayuda al atleta a actuar al máximo nivel y sacar ventaja a sus competidores. Dar una prueba es similar a un evento deportivo, porque usted compite con el profesor y con las otras personas en clase. Compite usted además consigo mismo, en cierto sentido, porque está tratando de responder de manera perfecta. Igual que en una competencia deportiva, debe tener sus miras muy altas y tener la convicción de que puede llegar al máximo.

En el polo opuesto de emociones humanas está el temor. Muchas personas sienten miedo y ansiedad con sólo pensar en un examen. Se ponen nerviosos, preocupados y hasta enfermos cuando llegan los exámenes porque tienen miedo a fracasar. Se imaginan las catastróficas repercusiones y la mala fortuna si hacen mal un examen. Se preocupan de la crítica y el ridículo que les vendrá de sus familiares, profesores y compañeros. Algunas personas se preocupan mucho de los exámenes porque piensan que las normas son muy altas. Las personas que han empleado tiempo excesivo en estudiar para un examen pueden creer que tienen que obtener una nota alta para poder justificar sus esfuerzos. Sólo pensar que no les va a ir bien en el examen les pone nerviosos e inquietos. Se preocupan tanto que su habilidad de razonar y de pensar se inutiliza y pasa aquéllo que trataban de evitar.

Usted no debe confundir el temor al fracaso con su deseo de obtener éxito. Es completamente natural preocuparse de los exámenes porque no se sabe lo que va a pasar. Un poco de emoción y adrenalina pueden ponerle más alerta y agudizar su percepción mental, mejorando su actuación en el examen. Esta es una reacción totalmente distinta del miedo.

La mayoría de temores e inseguridades que sienten los estudiantes antes de un examen se debe a la falta de confianza en sí mismos. Los estudiantes que han obtenido notas bajas en los exámenes en el pasado o que no tienen confianza alguna en su preparación para un examen, son probablemente los que más padecen de esto. Si ha estado siguiendo mis métodos de estudio, usted puede estar seguro de que hará bien sus exámenes. A medida que vaya teniendo más éxito en los exámenes, sus miedos se disiparán porque sabe que ha hecho todo lo posible para demostrar su potencial.

¿Cómo se quita el miedo? Si usted ha sentido miedo al dar exámenes, puede serle difícil cambiar su actitud de inmediato. Puede serle más fácil lidiar con el miedo si entiende mejor qué son los exámenes. Un examen le da un valor cuantitativo a su conocimiento sobre una materia y le indica dónde tiene que mejorar. Es importante reconocer que los exámenes no miden el valor intrínseco de una persona, sino simplemente cuánto conocimiento posee sobre una materia en particular. Cuando piensa de esta manera sobre los exámenes, se les tiene menos miedo. Nunca deberá subestimarse tan sólo porque ha hecho mal un examen.

Los exámenes son esencialmente un mecanismo de aprendizaje, que le dan a su profesor y a usted información valiosa para evaluar su actuación y su progreso. Usted debe reconocer que nadie es perfecto; todos los humanos podemos cometer errores. Su meta debe ser cometer estos errores antes del examen, aprender de ellos y evitar repetirlos en el examen. Desafortunadamente, no es siempre fácil hacer esto. Como el filósofo Soren Kierkegaard dijo: "La vida sólo se puede entender cuando se mira atrás; pero tiene que vivirse mirando hacia delante."

La mayoría de profesores explica las respuestas correctas en la clase cuando devuelve los exámenes. Si usted ha cometido algún error en su examen, debe averiguar cuál fue y dónde cometió el error, para no repetirlo en el próximo examen, en el examen final, en el próximo curso y el resto de su vida. Si puede aprender de sus errores, está preparado para seguir desarrollándose en el futuro.

Los exámenes también le ayudan a aprender algo sobre su profesor. Aunque los profesores no suelen hacer las mismas preguntas en los exámenes de semestre a semestre, mantienen un cierto estilo en el tipo y contenido de las preguntas. Usted debe tratar de conocer el modus operandi de su profesor, igual que un detective profesional estudia el comportamiento de los criminales, para anticipar su próximas acciones. (Espero que los profesores disculpen la analogía.) Tras dar el primer examen que tome su profesor, debe analizar la situación. ¿Dio el profesor un examen para desarrollar, un examen objetivo, o alguno de otro estilo? ¿Qué clase de preguntas se hicieron? Se puso énfasis en memorizar, en comprender las ideas y sus relaciones; o en aplicar principios? ¿Estaba buscando el profesor temas mayores o el dominio de pequeñeces? Conocer el modus operandi de su profesor puede ayudarle a prepararse para el próximo examen y el examen final.

Usted puede obtener también una mejor perspectiva sobre los exámenes si entiende cómo se califican. La mayoría de los profesores califica distribuciones que se aproximan a la distribución normal en estadísticas. En otras palabras, sólo unos cuantos estudiantes recibirán las notas más altas, la mayoría obtendrá notas medias, y unos cuantos reprobarán. Como Gore Vidal, el novelista norteamericano, dijo: "No es suficiente triunfar. Otros tienen que fracasar". A muchos profesores les gusta dar las notas de acuerdo con la curva estadística promedio porque piensan que esto es objetivo. Pero la verdadera razón es que esto es más conveniente que tener que establecer sus propias normas, lo que sería más razonable. Ocasionalmente encontrará un profesor que anuncie que todos pueden obtener tanto una nota A (sobresaliente) o una F (suspendido), pero esto no es corriente. La administración de la universidad no permitirá que un profesor mantenga esta postura por mucho tiempo. Normalmente, usted tendrá que competir vigorosamente para adquirir uno de los pocos sobresalientes que se darán.

Cuando se le califica de acuerdo a una curva estadística, su nota es un reflejo de lo inteligente que son sus compañeros y de lo que usted ha aprendido en el curso. Si hay muchos estudiantes buenos en su clase, la competencia será muy ardua. Por otra parte, si hay estudiantes malos, ellos ayudan a llenar la parte más baja de la curva. Usted debe agradecerles su presencia.

Debe reconocer que la calificación de los exámenes escritos es algo muy subjetivo e inconstante. La nota que usted recibe está probablemente en función de las que han obtenido los demás estudiantes. En especial si las notas se dan de acuerdo a una curva. Su nota estará en función de las cualidades particulares que su profesor más aprecie, como la compresión de ideas, la organización y presentación de los argumentos, la gramática, ortografía, caligrafía, el juicio que tiene el profesor de usted por su participación en clase, y probablemente varios otros factores. La consideración más importante es lo que su profesor piensa que es importante. A menudo es difícil saber esto de antemano. A medida que conoce más a su profesor sabrá mejor dónde tiene que poner énfasis en los exámenes.

Algunos de los problemas que tienen los estudiantes con los exámenes se pueden evitar si se concentran en dominar la materia en vez de concentrarse en la nota del curso. En verdad, las dos cosas van juntas. Es posible que cuente con el conocimiento necesario, pero por alguna razón no haya hecho bien el examen. Si su énfasis es en dominar la materia y usted ha hecho el mayor de los esfuerzos posibles, entonces deberá sentir cierta satisfacción, aunque su nota no sea tan alta como había esperado. Siempre habrá otras oportunidades para demostrar su conocimiento.

Yo no estoy sugiriendo que tiene que quedar satisfecho con notas bajas, sino que puede que tarde algún tiempo para llegar al máximo. A la larga, su meta final será convertirse en un estudiante sobresaliente.

John Lyly, el autor inglés, dijo: "Déjeme enfrentarme a la oportunidad principal." Un examen es su oportunidad principal para demostrarle a su profesor lo que sabe. ¡Enfréntese a ella!

PRINCIPIO 9
Muéstrese inteligente ante un examen y resuélvalo con entera confianza.

10

EN EL EXAMEN FINAL DEMUESTRELE AL PROFESOR LO QUE HA APRENDIDO

Demóstenes, el estadista de Atenas, dijo: "Cualquier ventaja del pasado se juzga a la luz del resultado final." Toda ventaja—o desventaja—durante el semestre se juzgará de acuerdo a sus resultados en el examen final. La nota del examen final tiene gran efecto en la calificación que va a obtener en esta asignatura, porque es el último examen que se da. Algunos profesores darán al estudiante como nota final la que recibió en el examen final, sin tomar en cuenta la actuación previa del estudiante. Esto es algo similar a la ética cristiana: usted puede arrepentirse en el último momento y redimirse.

Lo primero que tiene que hacer es descubrir exactamente el material que se incluirá en el examen final. La mayoría de profesores está dispuesta a anunciar cuál es el material que considera que usted debe aprender para el examen final. Usted debe preguntarle específicamente al profesor si el examen final abarcará el material presentado durante el semestre entero o solamente lo que se dio desde el último examen. La respuesta a esta pregunta determinará lo que usted ha de estudiar para el final. Si el examen final abarca sólo el material que se ha explicado desde el último examen, entonces considérelo como cualquier otro examen; en otras palabras, vuelva a leer sus apuntes de clase desde el último examen repetidas veces. Si el examen final abarca el curso entero, tendrá que releer sus apuntes desde la primera clase. Esto no será muy difícil porque usted está muy familiarizado con el material que se presentó anteriormente.

Sea lo que fuere lo que abarque el examen final, usted tendrá que enfrentarse a una enorme cantidad de trabajo al final del semestre. El período del examen final es muy importante porque usted está terminando el semestre y la mayoría de los exámenes se celebra en esa época. Aproximadamente un mes antes de los exámenes finales, revise cuidadosamente su plan de estudios y fíjese exactamente cuándo se va a celebrar cada uno de ellos. Calcule entonces cuánto tiempo va a necesitar para prepararse debidamente para cada examen. Si su lista está algo saturada, puede que tenga que empezar a estudiar varias semanas antes, en vez de una semana, como hizo durante el semestre.

Usted debe enfocar su repaso del material para los finales de una manera algo distinta de como lo hizo para otros exámenes. Por regla general, los exámenes durante el semestre comprueban su conocimiento sobre tópicos muy específicos. Por otra parte, las preguntas en los finales están relacionadas a temas mayores incluidos en los distintos tópicos presentados durante el semestre. Busque estos temas mayores al repasar sus apuntes de clase. Será una tarea relativamente fácil si ha estado siguiendo mi método, porque ha llegado a dominar y retener el material presentado durante el semestre. Después que haya identificado los temas mayores, asegúrese de que conoce los detalles específicos relacionados con tales temas.

Como parte de su preparación para los exámenes

finales debe revisar los exámenes que se dieron durante el semestre. Aunque es poco probable que las mismas preguntas vayan a aparecer en el examen final, puede ver el estilo de preguntas que ha hecho su profesor. Asegúrese que entiende la respuesta de todas las preguntas hechas en los exámenes anteriores, particularmente si dejó de contestar alguna pregunta o partes de ella. La mayoría de profesores explica las respuestas cuando se devuelven el examen al alumno; e indica lo que esperaba como respuesta. Usted debe tomar notas de dichas explicaciones con el mismo cuidado que una clase corriente. Su objetivo principal debe ser ir al examen final con un dominio completo de todo lo presentado durante el semestre y evitar cometer los errores que hizo previamente.

Si tiene tiempo, debe hacer el esfuerzo por revisar los exámenes finales que su profesor tomó en semestres anteriores. Algunos profesores mantienen un fichero de exámenes antiguos y es posible conseguirlos a través del departamento o de la biblioteca. Otros estudiantes u organizaciones de estudiantes a veces tienen copias de estos exámenes también. Su objetivo debe ser familiarizarse con los tipos de preguntas que hace el profesor en los exámenes finales. Hacia el final del semestre tiene que tener ya una buena idea del modus operandi del profesor en los exámenes corrientes, aunque éste puede decidir algo distinto para el examen final. Al revisar exámenes finales previos se dará cuenta del número de preguntas, su contenido y su extensión. No pierda tiempo respondiendo a preguntas hechas anteriormente, porque es poco probable que se vuelvan a preguntar.

Su estado mental durante la semana de exámenes finales será un factor importante en su actuación. Debe enfrentarse a sus exámenes con la mente tranquila. Si ha empleado bastante tiempo en estudiar, irá a sus exámenes con gran confianza. Si—como la mayoría de estudiantes— no ha empleado suficiente tiempo en estudiar, la experiencia será una tortura.

Sea consciente de cómo emplea el tiempo para estudiar, porque los días se irán muy rápido si no anda alerta. No se torture pensando que el examen final es el más importante del semestre y en el que arriesga todo. Siga los métodos de estudio presentados aquí, tenga confianza y siéntase seguro de sí mismo. ¡Todo lo demás saldrá bien!

PRINCIPIO 10
En el examen final demuéstrele al profesor lo que ha aprendido.

RESUMEN

PARTE TERCERA
UN SISTEMA PARA SACAR NOTAS ALTAS

PRINCIPIO 1
Hágase un plan de estudios.

PRINCIPIO 2
Escoja a su profesor.

PRINCIPIO 3
Nunca pierda una clase.

PRINCIPIO 4
Siéntese siempre en primera fila.

PRINCIPIO 5
Haga su tarea antes de ir a clase.

PRINCIPIO 6
Tome muchos apuntes durante la clase.

PRINCIPIO 7
Transcriba sus apuntes antes de la próxima clase.

PRINCIPIO 8
Empiece a repasar sus apuntes de clase una semana antes de un examen.

PRINCIPIO 9
Muéstrese inteligente ante un examen y resuélvalo con entera confianza.

PRINCIPIO 10
En el examen final demuéstrele al profesor lo que ha aprendido.

Haga Que el Sistema Funcione a Su Favor

1
CONSEJOS PARA ESTUDIAR

No es suficiente saber cómo hacer algo; usted debe además adecuar su comportamiento para conseguir sus metas. Si usted pretende ser un estudiante sobresaliente, tiene que saber cuáles son los hábitos de estudio que debe practicar y cuáles los que tiene que evitar.

    ¿Puede usted distinguir entre buenos y malos hábitos? ¿conoce los principios básicos para estudiar bien? En verdad, la respuesta es muy sencilla. Como Rudyard Kipling escribió en el poema *"The Elephant's Child"*:

> *Tengo seis sirvientes honestos*
> *(Ellos me enseñaron todo lo que sé)*
> *Sus nombres son Qué y Por qué y Cuándo*
> *Y Cómo y Dónde y Quién.*

Usted no tiene que preguntarle a estos sirvientes "Quién" estará estudiando (¡el que va a estudiar es usted!), y "Por qué" es importante estudiar (usted ya sabe esto si ha leído el capítulo "La Importancia de su Educación"). Oigamos lo que los otros cuatro sirvientes tienen que decir sobre los métodos adecuados para estudiar.

    Cuándo estudiar. Si quiere mejorar en sus estudios,

tiene que hacer el esfuerzo por estudiar todos los días. Esto no significa que usted tiene que estudiar continuamente cada día; ni siquiera estudiar la misma cantidad de horas cada día. Pero para poder progresar usted debe tratar de hacer algo cada día.

Algunas guías de estudio aconsejan anotar detalladamente en el calendario todo lo que usted debe hacer cada minuto, cada hora y cada día del semestre. Le harían distribuir su tiempo de manera específica para cada asignatura, para comer, participar en actividades deportivas, pasar momentos con los amigos, etc. Yo creo que este enfoque es un error muy serio. No solamente porque los estudiantes no estarían dispuestos a seguir este horario, sino que es indeseable para el ser humano intentar una disciplina tan rígida. Seguir tal programa le haría sentir que su vida entera está programada; muy pronto se aburriría de los estudios. Como Frederick Nietzsche, el filósofo alemán, preguntó: "¿No es la vida demasiado corta para buscar que aburrirnos?" Use el calendario para lo que sirve: apuntar fechas *importantes*. Anote las fechas de los acontecimientos importantes, tales como exámenes, y los días en que tiene que entregar sus informes de investigación, para que sepa cuánto tiempo tiene para prepararse. ¡No deje que los calendarios controlen su vida!

Su plan para estudiar debe abarcar solamente unos pocos días. Como las clases de la mayoría de asignaturas son dos veces a la semana, tendrá suficiente tiempo para prepararse para la clase siguiente. Ya tiene el conocimiento básico del trabajo que necesita hacer. Tiene que leer lo que se va a explicar en la próxima clase, transcribir sus apuntes de la clase anterior, prepararse para un examen (si es que va a tener uno la próxima semana), trabajar un rato en su informe de investigación (si es que tiene uno), o hacer otras tareas. El objetivo es distribuir su trabajo en unos cuantos días, poder hacer todas las tareas necesarias para cada asignatura, y que le sobre todavía tiempo para otras actividades. Planear sólo para unos cuantos días le permite flexibilidad para hacer cambios frecuentes en el horario requerido para usar su tiempo de modo más eficiente.

Para utilizar mejor su tiempo, trate de estudiar cuando no hayan otras actividades en las que a usted le gustaría participar. Por ejemplo, puede leer o transcribir sus apuntes entre clases, cuando normalmente estaría perdiendo el tiempo. ¿O qué tal por la mañana, antes de su primera clase? ¿O cuando se termina la clase, antes de que empiece el deporte en el que usted quiere participar? Si usa estos cortos intervalos de tiempo eficientemente, puede conseguir mucho.

El tiempo que va a dedicar al estudio estará en función de las horas que usted quiera dedicar a otras actividades. Algunas personas estudiarán durante el día; otras durante la tarde. Lo importante es que usted tenga algún tiempo para distraerse, porque si no se va a agotar. Use el tiempo de descanso como premio por haber hecho su trabajo. Esto le ayudará a estudiar.

Dónde estudiar. Como dice la Biblia (libro de Job): "¿Dónde se encontrará la sabiduría? Y cual es el lugar del entendimiento?" Su "lugar de entendimiento" para estudiar puede ser cualquiera que usted elija, siempre que le ofrezca la comodidad y la oportunidad necesarias para llevar a cabo bastante trabajo. Algunos estudiantes estudian mejor en una silla especial o en una habitación determinada. Ellos asocian este lugar particular con el estudio y son capaces de trabajar mejor y evitar distraerse cuando están en dicho lugar. Otros estudiantes pueden estudiar mejor en la biblioteca por la atmósfera de estudio que hay allí. No hay un sitio particular, bueno para todo el mundo.

El factor más importante es elegir el lugar de estudio donde usted se pueda concentrar profundamente por un periodo de tiempo largo. A muchos estudiantes les cuesta concentrarse y se sienten cansados después de unas pocas horas de estudio. Sin embargo, otros pueden concentrarse en sus estudios con o sin distracciones. La mayoría de la gente puede ignorar el ruido constante en una habitación si está metida profundamente en sus estudios, pero es desconcertante que haya ruido y silencio intermitentes. Muchas personas se distraen más con sus propias ideas que con los fenómenos externos. Por ejemplo, nos distraemos mucho si oímos hablar a alguien en la biblioteca, incluso si es en voz baja, porque sabemos que no es apropiado hacer eso. O le puede distraer su compañero, que está tocando una canción que a usted no le gusta, o haciendo ruido con sus dedos en la mesa mientras estudia. Con un poco de previsión y algo de práctica podemos evitar distraernos con estas cosas.

También debe reconocer que hay otros "lugares de entendimiento" además de su sitio habitual para estudiar. Como dije antes, se encontrará usted a menudo revisando los conceptos que ha estudiado incluso durante las actividades de cada día, al vestirse, al comer, al ir a clase, etc. Otra oportunidad para practicar nuevas habilidades y aclarar nuevos conocimientos es hablando con sus amigos y profesores después de clase. Yo recuerdo reuniones con grupos de amigos en la cafetería de la universidad, en las que teníamos discusiones intelectuales muy interesantes. Esto es especialmente estimulante cuando hay estudiantes de distintas especialidades, porque se puede hablar de un tema desde distintos puntos de vista.

Qué estudiar. Como mencioné antes, usted tiene ya un entendimiento básico de lo que tiene que estudiar: tiene que hacer sus lecturas y transcribir sus apuntes antes de la próxima clase, y, quizás, estudiar para un examen o preparar un informe de investigación. Vamos a especificar algo más sobre lo que tiene que estudiar.

Cuando se siente a estudiar, piense lo que quiere conseguir ese día. ¿Cuáles son las asignaturas que va a estudiar, y en qué orden? ¿Cuántas páginas o capítulos planea leer de su libro de historia, cuantos problemas de matemáticas va a tratar de resolver, cuántos temas de inglés va a tratar de redactar, etc.? Propóngase conseguir la meta que se ha propuesto o sobrepasarla. Si trabaja bastante cada día, verá el progreso y experimentará una sensación de triunfo.

Sé que es más fácil pensar cuánto quiero hacer, que cuánto tiempo estudiaré. Pensar en el tiempo que va a emplear en cada asignatura puede ser una distracción, porque puede pasarse el tiempo mirando el reloj. No se proponga metas demasiado ambiciosas e imposibles de cumplir, porque esto solamente produce frustración.

Samuel Johnson dijo: "La mayor fuente de placer es la variedad." Alterne el orden de las asignaturas que está estudiando para que su trabajo tenga algo de variedad. Después de hacer algo cuantitativo como matemáticas, puede que usted quiera leer una novela de su asignatura de Inglés, o un capítulo de su libro de historia. También puede alternar sus estudios entre asignaturas que encuentre interesantes y las que encuentre aburridas. Si odia la química, pero le encanta la literatura inglesa, prémiese a sí mismo leyendo una novela después de hacer sus prácticas de laboratorio. Encontrará que alternar le permite estar más traquilo y estudiar durante más tiempo sin aburrirse o descansar demasiado a menudo. Como dijo el novelista francés, Anatole France: "El hombre está hecho de tal manera que sólo puede encontrar descanso de una clase de trabajo haciendo otro."

Nunca deje de estudiar alguna de sus asignaturas aunque la encuentre aburrida. Su meta debe ser sacar notas altas en todas sus asignaturas, no solamente en las que le gustan. Si deja de estudiar una asignatura que le aburre, se puede retrasar de tal manera que nunca se va a recuperar. Si deja de estudiar por mucho tiempo, perderá la asignatura.

Cómo Estudiar. William James dijo: "No hay ser humano más miserable que aquél para quien lo único habitual es la indecisión." Antes de empezar a estudiar decida si realmente quiere estar estudiando en ese momento o preferiría hacer algo distinto. Si tiene alguna otra cosa que hacer—algo que realmente merezca la pena—entonces hágalo y estudie más tarde. Sin embargo, no debería posponer sus estudios simplemente porque no le gusta la asignatura o porque tiene pereza. Va a tener que hacerlo más tarde y va a tener menos tiempo para hacer otras cosas que le gustan más. Usted tiene que tener la disciplina suficiente como para sentarse y hacer el trabajo que se espera de usted, le guste o no.

Cuando se siente finalmente a estudiar, "métase de lleno en sus estudios" y no deje que nada interfiera con su proceso mental. Usted debe enfrentar sus estudios con entusiasmo, sinceridad y determinación. Para emplear su tiempo de manera más eficiente, usted debería ser capaz de sentarse y empezar a estudiar inmediatamente. Si le es difícil ponerse a estudiar, empiece con algo no muy complicado y le será más fácil continuar. A lo mejor a veces le cuesta empezar a estudiar una asignatura porque parece difícil, pero una vez que empiece, verá que es más fácil de lo que pensaba.

Concéntrese siempre en hacer una cosa a la vez y excluya todo lo demás. Mantenga su concentración en lo que está leyendo y no trate de ver televisión o hablar con sus amigos al mismo tiempo. No puede hacer dos cosas eficientemente a la vez.

Se dará cuenta de que puede hacer más si trabaja continuamente durante un largo período de tiempo. Yo me dí cuenta de que podía completar una cantidad enorme de trabajo durante el fin de semana, porque podía trabajar sin interrupciones. Cuando se trabaja continuamente no hay que volver atrás y revisar dónde se quedó la última vez que estuvo estudiando. Además, usará el tiempo de una manera más productiva, porque será capaz de establecer relaciones entre las ideas más claramente. Se sorprenderá al ver cuánto puede lograr si estudia durante dos horas en cada ocasión. Sin embargo, no estudie por un largo período de tiempo al punto que la experiencia llegue a ser enteramente agotadora o aburrida, porque esto será contraproducente.

Si esta estudiando por un largo período de tiempo,

debe tomar pequeños descansos. Estos descansos le permitirán alterar el ritmo de lo que esta haciendo; o le servirán como transición para estudiar otra asignatura. Descanse siempre cinco o diez minutos cada hora, pero planee estos descansos de modo que esta actividad no se vuelva arbitraria y excesiva. Usted puede usar el tiempo entre los periodos de estudio para hacer algunas obligaciones tales como lavar la ropa, limpiar su dormitorio, preparar las comidas, etc. Hacer algún otro trabajo le dará un pequeño descanso mental como para volver y dedicarse a sus estudios más intensamente. Si el descanso es muy corto, puede que lo único que desee es relajarse y no hacer nada. La necesidad de vagabundear ocasionalmente es tan importante como las demás cosas en la vida.

Si usted ha estudiado intensamente todo un día, descanse un rato por la tarde. No se vaya a la cama directamente al terminar de estudiar porque se sentirá tenso. Emplee un poco de tiempo en las actividades rutinarias como limpiarse los dientes, preparar sus libros para el día siguiente, hablar con un amigo, etc. Si va directamente a la cama, es muy probable que no pueda dormir y pase más de media hora dando vueltas.

Practique buenos hábitos. Usted puede incrementar la probabilidad de tener éxito en sus estudios siguiendo algunas reglas saludables. Duerma siempre lo indispensable, porque no podrá pensar o concentrarse si está cansado. Coma siempre tres comidas completas al día, porque su nivel de energía será bajo si esta malnutrido. Sé que puede ser difícil tratar de tener una dieta nutritiva con la clase de alimentos que se sirve en las cafeterías universitarias, pero por lo menos debe hacer el esfuerzo de evitar alimentos poco nutritivos, pues lo único que va a conseguir es sentirse torpe. Como cualquier atleta en forma, usted tiene que estar en buen estado para competir.

Hacer ejercicios regularmente le ayudará a trabajar más y a pensar más claramente. Usted necesitará alguna clase de desahogo después de pasar tanto tiempo estudiando en una sola posición. Yo he descubierto que una combinación de andar, montar bicicleta y jugar al tenis, me mantiene en buena forma física y mental y me da la oportunidad para reflexionar sobre lo que estoy haciendo y lo que quiero conseguir. Sus propias preferencias pueden ser correr, nadar u otros deportes. Cualquiera que sea su elección, manténgase activo físicamente y funcionará mejor mentalmente.

Evite malos hábitos. Usted se dará cuenta que es más fácil practicar buenos hábitos si sabe evitar los malos. Como Henry David Thoreau dijo: "La riqueza de un hombre está en proporción al número de cosas que se puede permitir dejar de lado." Evite las actividades en las que se pierde excesiva cantidad de tiempo. Un buen ejemplo es la televisión. Usted puede perder una enorme cantidad de tiempo sentado frente a la televisión viendo programas que no son nada interesantes. La televisión presenta experiencias de otros en situaciones artificiales; y ver televisión es un hábito compulsivo que brinda sólo una satisfacción superficial. Con una educación de alto nivel, usted tendrá más oportunidad para disfrutar experiencias reales de la vida. Sea selectivo y vea sólo los programas que realmente quiere ver. Otras maneras clásicas de perder el tiempo son hablando tonterías con sus amigos y jugando naipes. Estas actividades pueden ser divertidas mientras esté en ellas, pero, ¿qué es lo que queda cuando se terminan? Menos tiempo para estudiar y nada más.

Si se da cuenta de que no tiene la disciplina suficiente para abandonar estas actividades una vez que se ha metido en ellas, entonces puede que sea mejor no participar en ellas en absoluto. Como Mark Twain dijo: "Es más fácil quedarse fuera, que salir."

A veces nos es difícil llevar a cabo todo lo que nos gustaría, porque no usamos el tiempo eficientemente. Como primer paso para ser más eficaz, eche una mirada y vea como emplea su tiempo durante una semana típica.

¿Cuándo estuvo usted más productivo y cuándo menos? ¿Cuándo ha desperdiciado el tiempo totalmente? Llevando cuenta del tiempo se hace mucho más fácil darse cuenta de las ineficiencias propias. Si es honesto consigo mismo, probablemente será capaz de reconocer un número de ocasiones en las cuales no estaba usando su tiempo lo mejor posible.

Si no ha tenido buenos hábitos de estudio en el pasado, entonces necesita hacer algunos cambios básicos en su estilo de vida. Yo me he dado cuenta de que no es tan fácil cambiar su manera de vivir en un día, porque los hábitos están muy arraigados. Mark Twain también dijo: "Un hábito es un hábito y nadie se deshace de él tirándolo por la ventana, sino que se le induce a bajar por la escalera un escalón a la vez." Por lo menos usted debe empezar a conducir sus malos hábitos a la escalera hoy mismo y no esperar hasta mañana. Regule su vida hoy y no se tendrá que preocupar del mañana.

Es tan mal hábito estudiar demasiado como estudiar muy poco. No llegue nunca a ser tan fanático ni se obsesione con sus estudios, al punto que olvide su bienestar físico y mental. Todos hemos conocido o visto personas en la universidad que están absortas, como si hubieran caído repentinamente de otro planeta. Hemos visto también personas desaseadas, que se cepillan los dientes o se peinan una vez al mes, si acaso, y que parece que llevan ropas prestadas de un hermano pequeño. Algunos están tan metidos en sus estudios, que se han olvidado que una vez fueron parte de la raza humana—y éstos no son precisamente los que sacan las mejores notas. Este tipo de comportamiento no es solamente antisocial, es contraproducente.

Sí, se puede estudiar demasiado. Su meta es estudiar lo suficiente como para conseguir salir sobresaliente en todas sus asignaturas ... y después dedicarse a otras actividades que le interesen en el tiempo que le sobre.

Henry David Thoreau dijo: "Me gusta tener un amplio margen en mi vida." A todos nos gusta un margen amplio en nuestras vidas, pero la mayoría no sabe cómo obtenerlo, porque tienen malos hábitos de estudio. Muchas veces al divertirse con otras actividades, se ha sentido culpable al pensar que debía estar estudiando. Estos sentimientos ambivalentes surgen porque los estudiantes no tienen confianza en sus habilidades o no saben cuánto tienen que estudiar para tener éxito. Si usted está practicando mi sistema no se sentirá así, porque sabrá que ha hecho todo lo necesario para sacar notas altas. Se podrá divertir y participar en otras actividades con más entusiasmo, porque no le van a molestar estos conflictos. Incluso si se da cuenta de que no tiene un margen amplio en su vida durante el periodo de exámenes, será capaz de disfrutar el tiempo libre que tiene, porque no estará preocupado por sus estudios.

Los adultos que vuelven a la universidad se darán cuenta de que tienen que prestar más atención a sus hábitos de estudio que sus compañeros mas jóvenes. El estudiante adulto puede haber olvidado mucho de lo que aprendió hace años, probablemente los métodos de estudio y el material mismo pueden haber cambiado. Más difícil aún, el estudiante adulto está en competencia directa con estudiantes más jóvenes que aprenden con más facilidad, están más familiarizados con los últimos descubrimientos y cuentan con una cantidad de tiempo enorme para estudiar. Este último factor es una diferencia crucial. El estudiante adulto corrientemente tiene muchas otras responsabilidades, como ser padres, esposos, dueños de casa, empleados, etc. Casi no les queda tiempo para hacer todos los pequeños trabajos de la vida, mucho menos tiempo encontrará para ir a la universidad y estudiar para lo exámenes. Los métodos de estudio presentados aquí serán especialmente útiles para el estudiante adulto, porque no sólo demuestran cómo estudiar para obtener notas altas, sino también cómo hacerlo en un mínimo de tiempo. Para obtener consejos de estudios adicionales para el estudiante adulto, recomiendo el libro escrito por Jerold Apps, *"Study Skills for Adults Returning to School"* listado en mi bibliografía.

John Ruskin, el escritor inglés, dijo: "Para que la gente pueda ser feliz en su trabajo son necesarias tres cosas: Deben estar bien preparados. No deben excederse trabajando. Y tienen que tener la sensación de triunfo al hacerlo." Desarrolle los hábitos de estudio apropiados y cumplirá con estas tres condiciones.

PRINCIPIO 1
Si quiere llegar a ser un estudiante sobresaliente, desarrolle hábitos de estudio apropiados y practíquelos continuamente.

2
CONCLUSION

He expuesto todo lo que conozco para llegar a ser un estudiante sobresaliente. He presentado los casos de otras personas que han tenido éxito y he explicado la importancia de tener una buena educación. Le he demostrado como mejorar sus habilidades en técnicas básicas tales como leer libros, rendir pruebas y redactar informes de investigación. Y he presentado un sistema total que le enseña cómo planear sus estudios, cómo aprovechar al máximo sus clases, cómo hacer sus trabajos, cómo estudiar para los exámenes, y cómo conseguir la mejor nota. Además he sugerido varios consejos que le ayudarán a estudiar en el momento debido y de manera eficiente, y a mantener un buen nivel a lo largo de su carrera universitaria.

Ahora que conoce este material, ¿espera usted llegar a ser ahora un estudiante sobresaliente? No, no es tan fácil; ¡se requiere mucho más!

Lo más importante para que el sistema funcione a su favor es seguir estas recomendaciones. Usted no va a sacar notar altas simplemente porque ha leído este libro y lo ha entendido. Tiene que practicar cada uno de los pasos que he señalado, no de vez en cuando, sino durante todo el semestre. Hacer menos significa que no está siguiendo realmente el sistema y no obtendrá los mejores resultados. Esto lo sé por propia experiencia y por la experiencia de otros que han usado mis métodos. Pocos tienen la disciplina y la voluntad para seguir mi sistema en su integridad. Aquéllos que han sido capaces de ajustarse a él han obtenido los mayores beneficios, mientras que aquéllos que lo han usado ocasionalmente han mejorado poco o nada.

No solamente tendrá que seguir mi sistema: tendrá que esforzarse muchísimo. Soy capaz de demostrarle cómo usar todo su potencial, pero no poseo ninguna varita mágica para evitarle el esfuerzo. Trabajar intensamente es el único camino al éxito. Adopte la filosofía del presidente Theodore Roosevelt, quien dijo: "Me gustaría predicar no la doctrina del innoble relajo, sino la doctrina del esfuerzo intenso."

Incluso los más grandes genios del mundo han tenido que trabajar mucho para conseguir su fama. No lo digo yo, lo dicen ellos. En su autobiografía, *Life*, Thomas Edison dijo: "El genio es 1% de inspiración y 99% de sudor." Horacio, el legendario poeta romano, dijo: "La vida no nos da nada a los mortales sino mucho trabajo." Y Miguel Ángel, el gran artista italiano, dijo: "Si la gente supiera lo mucho que debo trabajar para dominar mi arte, no parecería en absoluto tan maravilloso."

¿Qué es lo que le haría a usted disponerse a trabajar tanto? Tendrá que enfrentarse a sus estudios con pasión y llegar a tener una motivación muy grande. Estar motivado implica que usted está interesado en lo que hace, reconoce su importancia, cuenta con la ambición y la inspiración para trabajar intensamente en conseguir sus metas. La motivación es la búsqueda continua para llegar al máximo, la renuncia a aceptar algo menos que lo mejor y la tenacidad para continuar a pesar de las dificultades.

A medida que su conocimiento aumenta con el estudio, también aumenta su motivación. Como dijo Laurence Sterne, el novelista inglés, "El deseo del conocimiento, como la sed de riquezas, aumenta siempre con su adquisición."

Los estudiantes a menudo tienen dificultad para motivarse porque piensan que preferirían estar haciendo algo distinto, en lugar de ir a clase. Ellos desean no tener que ir a clase ni estudiar, para así poder ir a trabajar y ganar algún dinero. Y cuando empiezan a trabajar ven que no es siempre agradable. Trabajar a veces resulta ser más agobiante que estudiar. C. S. Lewis, el novelista inglés, describió la vida como: "Cursos, vacaciones, cursos, vacaciones, hasta que dejamos de estudiar; y después: trabajar, trabajar, trabajar, hasta que morimos." Por lo menos se tiene más tiempo libre mientras se está estudiando.

Véalo de la siguiente manera: como de todos modos va a tener que ir a clases durante cierto tiempo, decídase a poner mucho empeño y hágalo con calidad.

Es importante aprender a esforzarse al máximo a una edad temprana, mientras hay todavía bastante tiempo para conseguir un buen trabajo que le significará bienestar económico más adelante. Algunos empleadores tienen menos disposición a contratar empleados ya mayores, porque los perciben menos adaptables. Mucha gente trabaja duro y con el tiempo llegan a ser más productivos, conforme van madurando. Pero a veces este esfuerzo llega un poco tarde. Sin la educación adecuada usted puede terminar en un puesto aburrido y de bajo nivel, que le quebrará la espalda, el espíritu y el bolsillo.

Si tiene dificultades para motivarse, tengo un consejo para usted. A veces cuando empiece a pensar si vale la pena todo el esfuerzo que está haciendo, saque la hoja de papel en la que anotó sus metas. Recuerde lo que está tratando de conseguir. Admita que está haciendo una inversión para el futuro, porque lo que haga en sus años de estudiante tendrá gran influencia en su vida. Si dominar sus estudios aumenta su productividad, usted y la sociedad se beneficiarán. Usted recibe un beneficio personal en forma de altos ingresos, y la sociedad se beneficia con gente más educada, y con un alto nivel económico. Como el economista inglés, John Stuart Mills, dijo: "El valor de un estado, a la larga, es el valor de los individuos que lo componen." Cuando usted observa la totalidad y su lugar en ella, es más fácil motivarse y trabajar duro.

Aun así esté trabajando mucho, debe aceptar que no puede hacer todo a la vez. No se debe desanimar si no consigue las mejores notas de inmediato. Contar con el conocimiento apropiado es un paso importante, pero llegamos a ser duchos en una actividad sólo tras mucha práctica. Usted debe notar alguna mejora en sus notas tan pronto como empiece a practicar mi método de estudio, pero puede que le lleve algún tiempo perfeccionarlo. Debe sentir más y más satisfacción a medida que se va acercando a su meta, reconociendo que a menudo toma tiempo desarrollar buenos hábitos de estudio y cumplir sus metas. Como el mismo presidente Theodor Roosevelt reconoció: "Lo que he de ser, estoy recién llegando a serlo." Concéntrese en lo que tiene que hacer para llegar a ser un estudiante sobresaliente, en lugar de esperar llegar a ser uno de inmediato.

A veces, en la universidad necesitará esforzarse al máximo. Aunque yo salí sobresaliente en cada examen de cada asignatura que tomé en la escuela de posgrado, puedo recordar veces en que la situación se ponía un poco difícil. A veces las cosas se pueden poner tan difíciles que usted se siente que está en medio de una guerra. Todo ocurre al mismo tiempo: hay que entregar los informes de investigación, los exámenes vienen uno detrás de otro, y así sucesivamente. En estos momentos tiene que mantener firme su actitud mental, enfrentarse a la situación y actuar. Un consejo de alguien que sabe mucho sobre guerras, el general George S. Patton: "La cualidad más vital que un soldado puede poseer es confianza en sí mismo: absoluta, completa, ostentosa." Cuando sienta que está en guerra con sus estudios, necesitará la misma clase de confianza en sí mismo.

Si usted ha hecho todo lo posible para mejorar puede esperar milagros, pero no perfección. Sin duda experimentará algunas desilusiones aunque haya seguido mi sistema al pie de la letra, pero estoy seguro de que verá un tremendo progreso desde el principio. Si sigue mi sistema cuidadosamente tendrá exito al final, porque está siguiendo el camino correcto. Es más, encontrará la experiencia de aprendizaje más agradable. Es una tendencia humana natural: se disfruta algo cuando se tiene habilidad para ello. Mi sistema le permitirá sobresalir y disfrutará mucho al ver que saca notas altas en los exámenes constantemente.

¿Qué puede esperar de todos sus esfuerzos? La Rochefoucauld, el escritor francés, dijo: "La mayoría de la gente juzga a los demás solamente por su éxito o buena fortuna." Está demostrado que las personas que tienen notas altas en sus estudios tienen más probabilidades de tener éxito en todo. Mientras están estudiando suelen tener más amigos, participan en actividades extracurriculares y ocupan puestos en la universidad. Es más probable que tengan éxito después de su graduación. Suelen tener más éxito en su trabajo, a juzgar por el sueldo y el reconocimiento personal.

Hablando de manera más general, sus estudios influirán cada aspecto de su vida. Cicerón lo resumió hace 2,000 años cuando dijo: "Estos estudios son un estímulo para el joven, una delicia para el viejo, un ornamento en la prosperidad, y un refugio de consuelo en la adversidad; son un placer al estar nosotros en casa, y no una carga al viajar; están con nosotros por la noche, nos acompañan cuando viajamos, van con nosotros cuando vamos al campo."

Usted sabe cuál es su misión: llegar a ser un estudiante sobresaliente. Si yo hubiera sabido los principios presentados en este libro cuando empecé a estudiar en la universidad, habría conseguido esta meta mucho más pronto. Ahora que ha leído este libro, usted no tiene excusa. Siga el consejo dado en La Epístola del Apóstol

Pablo a los Filipenses: "Esto lo hago tras olvidar aquellas cosas que están detrás; y, tratando de alcanzar aquellas cosas que están por delante, me esfuerzo para llegar a la meta."

Le dejo al final un pensamiento de Robert Louis Stevenson, que describe lo que es la vida:

PRINCIPIO 2

"Ser lo que somos, y llegar a ser lo que somos capaces de llegar a ser, es el único fin de la vida."

RESUMEN

PARTE CUARTA
HACIENDO QUE EL SISTEMA
FUNCIONE A SU FAVOR

PRINCIPIO 1
Si quiere llegar a ser un estudiante sobresaliente, desarrolle hábitos de estudio apropiados y practíquelos continuamente.

PRINCIPIO 2
"Ser lo que somos, y llegar a ser lo que somos capaces de llegar a ser, es el único fin de la vida."
—Robert Louis Stevenson

BIBLIOGRAFIA

Adler, Mortimer J., and Van Doren, Charles. *How to Read a Book*, Simon and Schuster, New York, 1972.

Apps, Jerold W. *Study Skills for Adults Returning to School*, McGraw-Hill Book Company, New York, 1982.

Armstrong, William H., and Lampe, M. Willard, II. *Study Tips*, Barron's Educational Series, Inc., New York, 1983.

Bartlett, John. *Familiar Quotations*, Fourteenth Edition, Little, Brown and Company, Boston, Massachusetts, 1968.

Carnegie, Dale. *How to Win Friends & Influence People*, Revised edition, Simon and Schuster, New York, 1981.

Dewey, John. *How We Think*, Heath, Boston, Massachusetts, 1933.

Feder, Bernard, *The Complete Guide to Taking Tests*, Prentice-Hall, Inc., Englewood Cliffs, New Jersey, 1979.

Grassick, Patrick. *Making the Grade*, Arco Publishing, Inc., New York, 1983.

Robinson, Francis P. *Effective Study*, Harper & Bros., New York, 1946.

Staton, Thomas F. *How to Study*, McQuiddy Printing Co., Nashville, Tennessee, 1954.

The Home Book of Quotations, Ninth Edition, Burton Stevenson, ed., Dodd, Mead, & Company, New York, 1958.

The Oxford Dictionary of Quotations, Third Edition, Oxford University Press, Oxford, England, 1979.

Turabian, Kate L. *Student's Guide for Writing College Papers*, 3rd edition, The University of Chicago Press, Chicago, Ill., 1976.

Voeks, Virginia. *On Becoming an Educated Person*, W.B. Saunders Company, Philadelphia, Pennsylvania, 1964.

APENDICE

PALABRAS CLAVES USADAS EN LOS EXAMENES

TERMINOS CLAVES DE CANTIDAD, DURACION, O
INTENSIDAD

Todo, siempre	Necesariamente	–cualquier excepción
Solamente	Necesario	hace estas
Sin excepción	Nunca	afirmaciones falsas
	No, Ninguno	

Raramente	Casi siempre,	–implica un juicio de
Raro, Infrecuente	Usual(mente), A	frecuencia o
Ocasionalmente	menudo	probabilidad
Algo, Algunas	Frecuentemente	
veces	Probablemente	
Pocos	Muchos	
Varios	La mayoría	
Alrededor de	Aproximadamente	

Tomado de Grassick, *Making the Grade*, Arco Publishing, Inc., New York, 1983.
Este material se adaptó originalmente de Jason Millmand y Walter Pauk, *How to Take a Test* (New York: McGraw-Hill, 1969).

PREGUNTAS DESCRIPTIVAS Y ANALITICAS

Describa, Revise, Reseñe	–dé cuenta de los atributos del tema en discusión (características inherentes, cualidades)
Elabore	–diga todo lo que sabe sobre el tema que sea relevante a las preguntas en consideración
Exponga	–describa brevemente sin elaborar mucho
Analice	–separe el tema en partes y examine los elementos que lo compone
Enumere, Liste, Tabule	–presente brevemente la secuencia de elementos que conforma la totalidad
Desarrolle	–desde un punto de partida dado, desarrolle un patrón lógico que lleve a una conclusión válida.
Establezca	–describa el proceso, desarrollo o los acontecimientos históricos relacionados a un tema específico desde un momento dado a un fin determinado.
Esquematice, Resuma	–exponga el tema y los puntos principales del tópico en una forma concisa.
Dibuje, Trace	–esboce las características principales de un objeto o proceso usando un diagrama claramente marcado.

PREGUNTAS PARA EXPLICAR Y COMPROBAR

Explique, Interprete	–exponga el tema en términos más simples y más explícitos
Defina, Formule	–clasifique el tema; especifique sus cualidades y características únicas
Pruebe, Justifique, Demuestre que	–demuestre la validez por medio de pruebas, argumentos o evidencias

| Demuestre | –explique o pruebe usando ejemplos significativos |
| Ilustre | –explique en detalle por medio de diagramas, gráficos o ejemplos concretos |

PREGUNTAS DE COMPARACION

Compare	–investigue y exponga la semejanza o similaridad entre dos o más temas
Contraste	–busque diferencias notables
Relacione	–establezca la conexión entre una o más cosas

PREGUNTAS DE JUICIO PERSONAL

Critique, Valore	–juzgue o evalúe el tema por su verdad, belleza, valor o significado; justifique su evaluación. "Criticar" no significa necesariamente juzgar negativamente; es más un comentario sobre el significado literal o implícito de algo.
Interprete	–explique y evalúe según su propio conocimiento o criterio
Justifique	–ordinariamente esto implica que usted justifica una declaración en los términos del autor. Cuando se le pida que justifique sus propias declaraciones, defienda su posición detalladamente y sea convincente.

PREGUNTAS DE PROBLEMA/SOLUCION

Encuentre	–usando los datos que le dan (algunos de los cuales pueden ser irrelevantes) aplique procedimientos matemáticos y principios de lógica formal para encontrar una cantidad específica en unidades específicas
Resuelva	
Calcule	
Determine	
Derive	
Qué es . . . ?	

COMENTARIO SOBRE EL AUTOR

Gordon W. Green, Jr., está bien calificado para escribir este libro. El recibió una A en cada asignatura de los cursos de posgrado que tomó para su doctorado en Economía en la Universidad George Washington, título que consiguió en Febrero de 1984. Este logro fue extraordinario si se considera que el Dr. Green estaba yendo a sus clases de posgrado por la noche, y al mismo tiempo trabajaba más de una jornada completa en su empleo habitual y cumplía con sus responsabilidades de mantener casa y familia. Incluso con un horario tan ocupado como éste, el Dr. Green tenía suficiente tiempo libre como para participar en otras actividades que le interesaban. El Dr. Green atribuye su éxito al especial sistema de estudio que desarrolló, el cual es tema de este libro.

Dr. Green es también jefe adjunto de la División de Población en la Oficina de Censos de los Estados Unidos, donde dirige la preparación de las estadísticas de la nación sobre distribución de ingresos y pobreza. Su tesis doctoral recibió interés nacional, motivando un artículo en la primera plana del periódico *New York Times*, artículos en varios otros periódicos y revistas, y una entrevista en televisión nacional para presentar sus hallazgos. Sus trabajos se dan a conocer ampliamente en publicaciones del gobierno, revistas y publicaciones profesionales. El Dr. Green vive con su esposa Maureen y sus tres hijos en Fairfax, Virginia.

APUNTES

APUNTES

APUNTES

APUNTES

APUNTES

APUNTES

APUNTES

APUNTES